LANGENSCHEIDTS KURZGRAMMATIK RUSSISCH

VON

DR. HANS ORSCHEL

NEUBEARBEITUNG

VON

PROF. DR. ERWIN WEDEL

LANGENSCHEIDT

BERLIN · MÜNCHEN · WIEN · ZÜRICH

ABKÜRZUNGEN

A	Akkusativ	*N*	Nominativ
Anm.	Anmerkung	*od.*	oder
bsd.	besonders	*P*	Präpositiv
D	Dativ	*pf.*	perfektiv
d.h.	das heißt	*pl.*	Plural
et.	etwas	*poet.*	poetisch
f	Femininum	*pt.*	Präteritum
G	Genitiv	*s.*	siehe
I	Instrumental	*sg.*	Singular
impf.	imperfektiv	*u.a.*	und andere; unter anderem
j-m	jemandem	*usw.*	und so weiter
j-n	jemanden	*vgl.*	vergleiche
m	Maskulinum	*v/i.*	intransitives Verb
n	Neutrum	*v/t.*	transitives Verb
		z.B.	zum Beispiel

⟨ ⟩ In diesen spitzwinkligen Klammern steht nach dem imperfektiven Verb das entsprechende perfektive *od.* vor dem Verb die Vorsilbe, die aus dem imperfektiven Verb ein perfektives macht, *z.B.*:

добивáться ⟨добúться⟩;

⟨по⟩желáть = желáть (*impf.*) und пожелáть (*pf.*)

Auflage: 15. 14. 13. 12. 11. | Letzte Zahlen
Jahr: 1989 88 87 86 85 | maßgeblich

Druck: Druckhaus Langenscheidt, Berlin-Schöneberg
Printed in Germany · ISBN 3-468-35291-3

INHALTSVERZEICHNIS

DAS RUSSISCHE ALPHABET

Druckschrift	а А	б Б	в В	г Г	д Д	е Е	ё Ё	ж Ж	з З
Schreibschrift	*а А*	*б Б*	*в В*	*г Г*	*д Д*	*е Е*	*ё Ё*	*ж Ж*	*з З*
Umschrift	a	b	w	g	d	je	jo	sh	z
Druckschrift	и И	й Й	к К	л Л	м М	н Н	о О	п П	
Schreibschrift	*и И*	*й -*	*к К*	*л Л*	*м М*	*н Н*	*о О*	*п П*	
Umschrift	i	j	k	l	m	n	o	p	
Druckschrift	р Р	с С	т Т	у У	ф Ф	х Х	ц Ц	ч Ч	ш Ш
Schreibschrift	*р Р*	*с С*	*т Т*	*у У*	*ф Ф*	*х Х*	*ц Ц*	*ч Ч*	*ш Ш*
Umschrift	r	s	t	u	f	ch	ts	tsch	sch
Druckschrift	щ Щ	ъ Ъ	ы Ы	ь Ь	э Э	ю Ю	я Я		
Schreibschrift	*щ Щ*	*ъ -*	*ы -*	*ь -*	*э Э*	*ю Ю*	*я Я*		
Umschrift	schtsch	—	y	Erweichungszeichen —	e	ju	ja		

Tilman: 623 53 62

I. SUBSTANTIV

Geschlecht (Genus)

1. Im Russischen gibt es weder einen bestimmten noch einen unbestimmten **Artikel**; daher heißt автомáт **der** oder **ein** Automat.

2. Die **Substantive** sind **männlichen, weiblichen** oder **sächlichen** Geschlechts.

3. Das **grammatische Geschlecht** erkennt man in der Regel an der Endung. Der Endung nach sind

männlich: alle Substantive auf harten (nichtpalatalen) **Konsonant** oder **-й,** sowie zahlreiche Substantive auf weichen (palatalen) Konsonant = in der Schrift durch nachfolgendes **ь** bezeichnet;

weiblich: die meisten Substantive auf **-а** oder **-я**, viele auf **-ь**, darunter alle auf **-жь, -чь, -шь, щь**;

sächlich: alle Substantive auf **-о**, **-е** oder **-мя.**

4. Bei Bezeichnungen von **Personen** entscheidet deren natürliches Geschlecht, was formal am Gebrauch der dazugehörigen Pronomina, Adjektive usw. erkennbar ist:

дéдушк**а** – он Großvater
мой дорог**óй** дéдушк**а** mein lieber Großvater
(-óй *ist die männliche betonte Endung der Adjektive*).

5. Einige Substantive auf **-а** können **beiderlei Geschlecht** haben:
крýглый сиротá Vollwaise (*Junge*), крýглая сиротá Vollwaise (*Mädchen*).

6. Nicht deklinierbare Fremdwörter sind **sächlich,** wenn sie **Nichtlebewesen** bezeichnen:
бюрó (Büro), кинó (Kino), кафé (Café), жюри́ (Jury).
Ausnahme: кóфе (Kaffee) ist männlich.

7. Nicht deklinierbare Fremdwörter sind **männlich** oder **weiblich,** je nachdem ob sie das betreffende männliche oder weibliche **Lebewesen** bezeichnen:
шимпанзé (Schimpanse, Schimpansin).

Zahl (Numerus)

8. Nur im Singular werden gebraucht: **Sammelnamen, Stoffnamen, Monatsnamen, die Bezeichnungen der Himmelsrichtungen** und **Abstrakta.**
желéзо (Eisen), любóвь (Liebe), человéчество (Menschheit).

9. Nur im Plural werden gebraucht

a) die Namen von **Dingen, die aus zwei gleichen Teilen bestehen**:
очки́ (Brille), весы́ (Waage), брюки (Hose) *u. a.*;

b) **folgende Substantive**:
ви́лы (Forke), грáбли (Rechen), дéньги (Geld), дровá (Brennholz), духи́ (Parfüm), кани́кулы (Ferien), носи́лки (Tragbahre), óвощи (Gemüse), пери́ла (Geländer), пóхороны (Beerdigung), сéни (Flur), сли́вки (Sahne),

сýмерки (Dämmerung), сýтки (24 Stunden, Tag und Nacht), счёты (Rechenbrett), часы́ (Uhr), черни́ла (Tinte), ша́хматы (Schach), щи (Kohlsuppe) *u.a.*

Deklination

10. Es gibt im Russischen **sechs Kasus**: Nominativ, Genitiv, Dativ, Akkusativ, Instrumental, Präpositiv.

11. Die **Substantive** können innerhalb ihrer Deklination **festen** oder **beweglichen Ton** haben.

12. Der Akkusativ Plural ist bei allen Bezeichnungen von Lebewesen (Menschen und Tieren) gleich dem Genitiv Plural.

13. Der Akkusativ Singular ist gleich dem Genitiv Singular nur bei männlichen Substantiven, die ein Lebewesen bezeichnen und auf Konsonant ausgehen.

14. Schreibregeln für die Endungen in Deklination und Konjugation:
a) **Nach г, к, х stehen niemals ы, ю, я, sondern и, у, а.**
b) **Nach den Zischlauten ж, ч, ш, щ stehen niemals ы, ю, я oder unbetontes о, sondern и, у, а, е.**
c) **Nach ц stehen niemals ю, я oder unbetontes о, sondern у, а, е.**

Sächliche Substantive (Neutra)

15. Neutra auf -о

боло́то Sumpf	*Singular*	*Plural*
Nominativ	боло́т**о**	боло́т**а**
Genitiv	боло́т**а**	боло́т
Dativ	боло́т**у**	боло́т**ам**
Akkusativ	боло́т**о**	боло́т**а**
Instrumental	боло́т**ом**	боло́т**ами**
Präpositiv	(о) боло́т**е**	(о) боло́т**ах**

16. Neutra auf -о bei vorangehendem -ц- oder Zischlaut

лицо́ Gesicht	*Singular*	*Plural*
Nominativ	лиц**о́**	ли́ц**а**
Genitiv	лиц**а́**	ли́ц
Dativ	лиц**у́**	ли́ц**ам**
Akkusativ	лиц**о́**	ли́ц**а**
Instrumental	лиц**о́м**	ли́ц**ами**
Präpositiv	(о) лиц**е́**	(о) ли́ц**ах**

17. Stammbetonte zweisilbige Neutra verlagern im **Plural** den **Akzent** meist auf die **Endung** und umgekehrt – **endungsbetonte** auf die **Stammsilbe**:

лицо́	Gesicht	мо́ре	Meer
ли́ца	Gesichter	моря́	Meere

18. Die Neutra auf **-ко** mit **festem Akzent** haben im **Nominativ Plural -и** statt **-а**:

я́блоко	Apfel	я́блоки	Äpfel

19. Das Neutrum **яйцо́** (Ei) bildet den Genitiv Plural яи́ц.

20. Folgende Neutra bilden den **Plural** auf **-ья, -ьев, -ьям** usw.:

звено́ – звéнья	Kettenglied	крыло́ – кры́лья	Flügel
дéрево – дерéвья	Baum	полéно – полéнья	Holzscheit
перо́ – пéрья	Feder	ши́ло – ши́лья	Ahle
дно – до́нья	Boden, Grund		

21. Merke folgende Plurale:

о́ко – о́чи, очéй	Auge (*poet.*)	су́дно – суда́, судо́в	Schiff
у́хо – у́ши, ушéй	Ohr	нéбо – небеса́, небéс	Himmel
плечо́ – плéчи, плеч(éй)	Schulter	чу́до – чудеса́, чудéс	Wunder
колéно – колéни, колéней	Knie		

Schaltvokal -е- oder -о- im Genitiv Plural

22. Zur leichteren Aussprache der endungslosen Form des Genitivs Pl. wird **nach einem Konsonanten** (außer г, к) **vor konsonantischem Stammauslaut** der Neutra auf **-ко, -ло, -но, -ро** ein **-е-** eingeschoben:

око́шко – око́шек	Fensterchen	ведро́ – вёдер	Eimer
пятно́ – пя́тен	Fleck		

23. Bei weichem (palatalem) Konsonant vor dem Stammauslaut der Neutra auf **-мо́** oder **-цо́** erscheint im Gen. Pl. statt des **-ь-** ein **-е-**:

письмо́ – пи́сем	Brief	кольцо́ – колéц	(Finger-)Ring

24. Nach **г, к** vor konsonantischem Stammauslaut der Neutra auf **-ло, -мо, -но, -ро** wird ein **-о-** eingeschoben:

окно́ – о́кон	Fenster	стекло́ – стёкол	Glas(scheibe)

25. Neutra auf -е bei vorangehendem **-ц- oder Zischlaut**

учи́лище Lehranstalt	*Singular*	*Plural*
Nominativ	учи́лищ**е**	учи́лищ**а**
Genitiv	учи́лищ**а**	учи́лищ
Dativ	учи́лищ**у**	учи́лищ**ам**
Akkusativ	учи́лищ**е**	учи́лищ**а**
Instrumental	учи́лищ**ем**	учи́лищ**ами**
Präpositiv	(об) учи́лищ**е**	(об) учи́лищ**ах**

26. Neutra mit einem **Konsonanten** vor dem konsonantischen Stammauslaut schieben im endungslosen **Genitiv Plural** ein **-е-** ein:
полотéнце – полотéнец Handtuch

27. Neutra auf -ье

ущéлье Schlucht	*Singular*	*Plural*
Nominativ	ущéлье	ущéл**ья**
Genitiv	ущéл**ья**	ущéл**ий**
Dativ	ущéл**ью**	ущéл**ьям**
Akkusativ	ущéл**ье**	ущéл**ья**
Instrumental	ущéл**ьем**	ущéл**ьями**
Präpositiv	(об) ущéл**ье**	(об) ущéл**ьях**

28. Folgende Neutra auf **-ье** bilden den **Genitiv Plural** auf **-ьев**: верхóвье (Oberlauf), низóвье (Unterlauf), плáтье (Kleid), остриё [остриёв] (Schneide).

29. Das Neutrum **ружьё** (Flinte) hat im Genitiv Plural die Form рýжей.

30. Neutra auf -ие

здáние Gebäude	*Singular*	*Plural*
Nominativ	здáние	здáн**ия**
Genitiv	здáн**ия**	здáн**ий**
Dativ	здáн**ию**	здáн**иям**
Akkusativ	здáн**ие**	здáн**ия**
Instrumental	здáн**ием**	здáн**иями**
Präpositiv	(о) здáн**ии**	(о) здáн**иях**

31. Das Neutrum **пóле** (Feld) bildet den Präpositiv Singular: о пóле; den Plural: поля́, полéй, поля́м; ebenso geht мóре (Meer).

32. Neutra auf -мя

и́мя Name	*Singular*	*Plural*
Nominativ	**и́мя**	**именá**
Genitiv	**и́мени**	**имён**
Dativ	**и́мени**	**именáм**
Akkusativ	**и́мя**	**именá**
Instrumental	**и́менем**	**именáми**
Präpositiv	(об) **и́мени**	(об) **именáх**

Ebenso:

брéмя		Bürde, Last	тéмя	*ohne pl.*	Scheitel
врéмя		Zeit	знáмя	*pl.:* знамёна	Fahne
вы́мя		Euter	сéмя	*G/pl.:* семя́н	Same
плéмя		Volksstamm	стрéмя	*G/pl.:* стремя́н	Steigbügel
плáмя	*ohne pl.*	Flamme			

33. Das Neutrum **дитя́** (Kind) ist nur noch im Nominativ Singular in besonderen Verbindungen, z. B. als Anrede in der Koseform, gebräuchlich; im allgemeinen wird es heute im Singular durch das Synonym ребёнок ersetzt. Im Plural gebraucht man де́ти usw. ohne weiteres; das Paradigma lautet:

де́ти, детей, де́тям, детей, детьми́, (о) де́тях

Ebenso geht: **лю́ди** (Menschen, Leute); im Singular wird in gleicher Bedeutung das Maskulinum челове́к gebraucht.

Männliche Substantive (Maskulina)

34. Maskulina auf harten (nichtpalatalen) **Konsonant**

вид (An-)Blick

	Singular	*Plural*
Nominativ	вид	ви́ды
Genitiv	ви́да	ви́дов
Dativ	ви́ду	ви́дам
Akkusativ	вид	ви́ды
Instrumental	ви́дом	ви́дами
Präpositiv	(о) ви́де	(о) ви́дах

35. Die Maskulina auf **г, к, х** haben im **Nominativ Plural -и** statt **-ы** (vgl. 14a):

звук – зву́ки Laut

36. Maskulina auf weichen (palatalen) **Konsonant**

про́филь Profil

	Singular . .	*Plural*
Nominativ	про́филь	про́фили
Genitiv	про́филя	про́филей
Dativ	про́филю	про́филям
Akkusativ	про́филь	про́фили
Instrumental	про́филем	про́филями
Präpositiv	(о) про́филе	(о) про́филях

37. Maskulina auf -ец

бра́тец Brüderchen

	Singular	*Plural*
Nominativ	бра́тец	бра́тцы
Genitiv	бра́тца	бра́тцев
Dativ	бра́тцу	бра́тцам
Akkusativ	бра́тца	бра́тцев
Instrumental	бра́тцем	бра́тцами
Präpositiv	(о) бра́тце	(о) бра́тцах

38. Bei **vorangehendem weichem л** wird dessen Palatalität in den übrigen Kasus, unmittelbar vor dem **ц**, durch **ь** angezeigt, bei **vorangehendem Vokal** erscheint das -j-Element in der Schrift als **й**:

па́лец – па́льца Finger   бое́ц – бойца́ Soldat

39. Maskulina auf Zischlaut (ж, ч, ш, щ)

ла́ндыш Maiglöckchen	*Singular*	*Plural*
Nominativ	ла́ндыш	ла́ндыш**и**
Genitiv	ла́ндыш**а**	ла́ндыш**ей**
Dativ	ла́ндыш**у**	ла́ндыш**ам**
Akkusativ	ла́ндыш	ла́ндыш**и**
Instrumental	ла́ндыш**ем**	ла́ндыш**ами**
Präpositiv	(о) ла́ндыш**е**	(о) ла́ндыш**ах**

40. Maskulina auf Diphthong (-ай usw.)

трамва́й Straßenbahn	*Singular*	*Plural*
Nominativ	трамва́**й**	трамва́**и**
Genitiv	трамва́**я**	трамва́**ев**
Dativ	трамва́**ю**	трамва́**ям**
Akkusativ	трамва́**й**	трамва́**и**
Instrumental	трамва́**ем**	трамва́**ями**
Präpositiv	(о) трамва́**е**	(о) трамва́**ях**

41. Die Maskulina auf **-ий** haben im **Präpositiv Singular** die Endung **-и** statt **-е**:
санато́рий – о санато́рии Sanatorium

42. Folgende durchweg endungsbetonte Maskulina auf **-е́й** haben in allen übrigen Kasus statt des Schaltvokals **-е-** nur ein -j-Element (= in der Schrift **ь**):
ручéй – ручья́, ручью́ Bach
Plural ручьи́, ручьёв

Ebenso:
воробе́й (Sperling), мураве́й (Ameise), репе́й (Klette), солове́й (Nachtigall).

43. Die Maskulina auf **-анин (-янин)** werden im Singular wie die Maskulina auf harten Konsonant dekliniert, **im Plural werfen sie die Silbe -ин-** (sog. Singulativsuffix) **ab**:

граждани́н Bürger	*Plural*
Nominativ	гра́ждан**е**
Genitiv	гра́ждан
Dativ	гра́ждан**ам**
Akkusativ	гра́ждан
Instrumental	гра́ждан**ами**
Präpositiv	(о) гра́ждан**ах**

44. Maskulina auf -ёнок (-óнок):

телёнок Kalb	*Singular*	*Plural*
Nominativ	телёнок	телята
Genitiv	телёнк**а**	телят
Dativ	телёнк**у**	телят**ам**
Akkusativ	телёнк**а**	телят
Instrumental	телёнк**ом**	телят**ами**
Präpositiv	(о) телёнк**е**	(о) телят**ах**

Wie das Paradigma zeigt, flektieren solche Bezeichnungen von jungen Tieren, Menschen usw. im Singular wie Maskulina im Plural wie Neutra. **Ebenso**: жеребёнок (Fohlen), поросёнок (Ferkel), ребёнок (Kind) u. a.

Schaltvokal -о-, -е- im Nominativ Singular

45. Folgende **einsilbige** Maskulina **scheiden das -о-, -е- des Nominativs Singular** in den übrigen Kasus **aus** (bei vorangehendem palatalem **-л-** wird dessen Weichheit vor Konsonant in der Schrift durch **-ь-** markiert):

день – дня (Tag), лев – льва (Löwe), лёд – льда (Eis), лоб – лба (Stirn), мох – мха (Moos), пень – пня (Stamm), пёс – пса (Hund), ров – рва (Graben), рот – рта (Mund), сон – сна (Schlaf), шов – шва (Naht).

46. Ebenso scheiden das -о-, -е- viele Maskulina **aus,** deren Stamm auf folgende Lautverbindungen ausgeht: **-ол, -ел, -ёл, -ель, -ём, -ень, -ор, -ер, -ёр, -оть**:

посóл – послá (Gesandter), орёл – орлá (Adler), плетéнь – плетня́ (Flechtzaun), вéтер – вéтра (Wind), костёр – кострá (Lagerfeuer).

47. Ebenso eliminieren das -о-, -е- solche Maskulina, die auf folgende Suffixe mit meist **Diminutivbedeutung** enden: **-ок, -ек, -ёк, -ечек, -ёчек, -ёнок, -шек, -шок** (nach Vokal erscheint statt des **-е-** ein **-й-**, nach palatalem **л** vor Konsonant **-ь-**):

лесóк – лескá (Wäldchen), ручеёк – ручейкá (Bächlein), мотылёк – мотылькá (Falter), утёнок – утёнка (Entlein), порошóк – порошкá (Pulver).

48. Ebenso scheidet das -о- aus, obwohl es zum Stamm gehört:

замóк – замкá (Schloß).

49. In folgenden Fällen wird das **-о-/-е- nicht ausgeschieden**:

едóк – едокá (Esser), ездóк (Reiter), знатóк (Kenner), игрóк (Spieler), седóк (Fahrgast), челнóк (Kahn), чеснóк (Knoblauch); жнец – жнецá (Schnitter), кузнéц (Schmied), храбрéц (Tapferer).

Genitiv Singular auf -у (-ю)

50. Nach Bezeichnungen von Menge, Maß, Gewicht sowie nach den adverbialen Mengenausdrücken **мáло** (wenig), **мнóго** (viel), **нет** (fehlt, nicht vorhanden) bilden viele Maskulina, die Stoffnamen bezeichnen, den **Genitiv Singular** auf **-у (-ю)** (sog. **partitiver Genitiv**):

кило́ сы́ру	Kilo Käse	мно́го сне́гу	viel Schnee
ча́шка ча́ю	Tasse Tee	са́хару нет	es ist kein Zucker da
ма́ло су́пу	wenig Suppe		

51. Auch in Verbindung mit den Präpositionen **без, из, от, с** kommen einige **Genitive auf -у (-ю)** vor:

без шу́му ohne Lärm с испу́гу vor Schreck со стра́ху vor Angst *u.a.*

Präpositiv Singular auf -у́ (-ю́)

52. Eine Anzahl Maskulina, vor allem einsilbige, bilden den **Präpositiv Singular nach den Präpositionen в, на** auf betontes **-у́ (-ю́)**:

в году́ (im Jahre), на носу́ (auf der Nase).

Die wichtigsten sind:

ад (Hölle), бал (Ball), бег (Lauf), бе́рег (Ufer), бок (Seite), бой (Kampf), борт (Bord), бред (Fieberwahn), вал (Wall), век (Jahrhundert), вес (Gewicht), вид (Aussehen), воз (Fuhre), глаз (Auge), горб (Buckel), гроб (Sarg), долг (Schuld), дым (Rauch), жар (Glut), жир (Fett), клей (Leim), край (Rand; Gegend), круг (Kreis), лоб (Stirn), лес (Wald), лёд (Eis), луг (Wiese), мёд (Honig), мех (Pelz), мозг (Gehirn), мост (Brücke), мох (Moos), пар (Dampf), плен (Gefangenschaft), плот (Floß), полк (Regiment), пол (Fußboden), порт (Hafen), пост (Posten), пот (Schweiß), пруд (Teich), пыл (Eifer), рай (Paradies), ров (Graben), рот (Mund), ряд (Reihe), сад (Garten), снег (Schnee), спирт (Spiritus), строй (Aufbau, Ordnung), таз (Becken), тыл (Hinterland), у́гол (Ecke), ход (Gang), цвет (Blüte), шёлк (Seide), шкаф (Schrank).

53. Folgende **Maskulina** bilden den **Plural** auf **-ья, -ьев, -ьям** usw.:

брат	– бра́тья	Bruder	о́бод	– обо́дья	Reifen
брус	– бру́сья	Bohle	по́вод	– пово́дья	Zügel
клин	– кли́нья	Keil	по́лоз	– поло́зья	Kufe
ко́лос	– коло́сья	Ähre	стул	– сту́лья	Stuhl
ком	– ко́мья	Klumpen	сук	– су́чья	Ast
крюк	– крю́чья	Haken			

54. Merke:

друг – друзья́, друзе́й, друзья́м Freund

Ebenso flektieren im Plural:

князь	– князья́	Fürst	сын	– сыновья́	Sohn
муж	– мужья́	Ehemann			

55. Einige Maskulina haben **doppelten Plural** mit Bedeutungsunterschied:

хлеб	– хле́бы	Brote
	– хлеба́	Getreide
по́вод	– по́воды	Anlässe
	– пово́дья	Zügel
про́пуск	– про́пуски	Lücken
	– пропуска́	Passierscheine
по́яс	– по́ясы	Zonen

	– пояса́	Gürtel
со́боль	– со́боли	Zobel (*Tier*)
	– соболя́	Zobel (*Pelz*)
лист	– листы́	Papierblätter, Bogen
	– ли́стья	Baumblätter, Laub
зуб	– зу́бы	Zähne (*Mund*)
	– зу́бья	Zähne (*am Zahnrad*)
ко́рень	– ко́рни	Wurzeln (*Pflanzen*)
	– коре́нья	Wurzelwerk (*eßbar*) *u.a.*

56. Die beiden Substantive **сосе́д** (Nachbar) und **чёрт** (Teufel) werden im Singular wie Maskulina auf harten Konsonant, im **Plural** dagegen wie weiche Stämme dekliniert:

	Plural	
Nominativ	сосе́д**и**	че́рт**и**
Genitiv	сосе́д**ей**	черт**е́й**
Dativ	сосе́д**ям**	черт**я́м**
Akkusativ	сосе́д**ей**	черт**е́й**
Instrumental	сосе́д**ями**	черт**я́ми**
Präpositiv	(о) сосе́д**ях**	(о) черт**я́х**

57. Das Substantiv **путь** (Weg) ist männlich, wird aber teils männlich, teils weiblich (vgl. 74) dekliniert:

	Singular	*Plural*
Nominativ	пут**ь**	пут**и́**
Genitiv	пут**и́**	пут**е́й**
Dativ	пут**и́**	пут**я́м**
Akkusativ	пут**ь**	пут**и́**
Instrumental	пут**ём**	пут**я́ми**
Präpositiv	(о) пут**и́**	(о) пут**я́х**

58. Eine ganze Reihe Maskulina bildet den **Nominativ Plural auf betontes -á (-я́)** und bleibt im ganzen Plural endungsbetont:

а́дрес – адреса́, адресо́в Adresse

Die wichtigsten sind:

бег (Lauf), бе́рег (Ufer), бок (Seite), бу́фер (Puffer), ве́ер (Fächer), век (Jahrhundert), ве́ксель (Wechsel), ве́чер (Abend), глаз (Auge), го́лос (Stimme), го́род (Stadt), дире́ктор (Direktor), до́ктор (Doktor), дом (Haus), жёлоб (Rinne), же́мчуг (Perle), жёрнов (Mühlstein), ко́локол (Glocke), конду́ктор (Schaffner), ко́рпус (Rumpf), край (Rand; Gegend, Land), ку́пол (Kuppel), ку́чер (Kutscher), луг (Wiese), ма́стер (Meister), но́мер (Nummer; Hotelzimmer), о́корок (Schinken), о́круг (Bezirk), о́стров (Insel), па́рус (Segel), па́спорт (Paß), пе́карь (Bäcker), пе́репел (Wachtel), пи́сарь (Schreiber), по́вар (Koch), по́греб (Keller), по́езд (Zug), профе́ссор (Professor), рог (Horn), рука́в (Ärmel), снег (Schnee), сорт (Sorte), сто́рож (Wächter), те́терев (Birkhahn), то́поль

(Pappel), то́рмоз (Bremse), учи́тель (Lehrer), фе́льдшер (Feldscher), фли́гель (Flügel), флю́гер (Wetterfahne), хо́лод (Kälte), ху́тор (Vorwerk), че́реп (Schädel), шёлк (Seide), ште́мпель (Stempel), шу́лер (Falschspieler).

59. Bei einigen Maskulina ist der **Genitiv Plural gleich dem Nominativ Singular**: глаз (Auge), грамм (Gramm; *gehobener Stil auch* гра́ммов), носо́к (Socke), раз (Mal), сапо́г (Stiefel), солда́т (Soldat), челове́к (Mensch), чуло́к (Strumpf) *u.a.*

60. Merke:

господи́н	– господа́, госпо́д, господа́м	Herr
хозя́ин	– хозя́ева, хозя́ев, хозя́евам	Hausherr, Wirt

Weibliche Substantive (Feminina)

61. Feminina auf -а

рабо́та Arbeit	*Singular*	*Plural*
Nominativ	рабо́т**а**	рабо́т**ы**
Genitiv	рабо́т**ы**	рабо́т
Dativ	рабо́т**е**	рабо́т**ам**
Akkusativ	рабо́т**у**	рабо́т**ы**
Instrumental	рабо́т**ой (-ою)**	рабо́т**ами**
Präpositiv	(о) рабо́т**е**	(о) рабо́т**ах**

62. Feminina auf -я mit vorangehendem (palatalem) Konsonanten

ды́ня Zuckermelone	*Singular*	*Plural*
Nominativ	ды́н**я**	ды́н**и**
Genitiv	ды́н**и**	ды́н**ь**
Dativ	ды́н**е**	ды́н**ям**
Akkusativ	ды́н**ю**	ды́н**и**
Instrumental	ды́н**ей (-ею)**	ды́н**ями**
Präpositiv	(о) ды́н**е**	(о) ды́н**ях**

63. Die Endungen **-ою, -ею (-ёю)** des Instrumentals Singular werden heute nur noch selten, und zwar in gehobenem Sprachstil, in der Poesie und in bestimmten festen Wendungen, angewandt.

64. Gehen dem **-я zwei** Konsonanten voran, so lautet bei einer Anzahl Feminina auf **-ня** der **Genitiv Plural** nicht regulär weich aus wie im Paradigma ды́ня, sondern auf hartes **-н**:

ба́сня	– ба́сен	Fabel	ви́шня	– ви́шен	Kirsche
ба́шня	– ба́шен	Turm	пе́сня	– пе́сен	Lied *u.a.*

Weichen Auslaut haben dagegen:

ба́рышня	– ба́рышень	Fräulein	ку́хня	– ку́хонь	Küche.
дере́вня	– дереве́нь	Dorf			

Einige Feminina dieser Gruppe haben im **Genitiv Plural** die Endung **-ей**:
западня́ – западне́й Falle

65. Die **Maskulina auf -я** haben im **Genitiv Plural** die Endung **-ей**:
дя́дя – дя́дей Onkel

66. Feminina auf Vokal + я

ста́я Schwarm, Rudel	*Singular*	*Plural*
Nominativ	ста́**я**	ста́**и**
Genitiv	ста́**и**	ста́**й**
Dativ	ста́**е**	ста́**ям**
Akkusativ	ста́**ю**	ста́**и**
Instrumental	ста́**ей**	ста́**ями**
Präpositiv	(о) ста́**е**	(о) ста́**ях**

67. Die Feminina auf -ия haben im **Genitiv, Dativ** und **Präpositiv Singular** die Endung **-и**

ли́ния Linie	*Singular*
Nominativ	ли́ни**я**
Genitiv	ли́ни**и**
Dativ	ли́ни**и**
Akkusativ	ли́ни**ю**
Instrumental	ли́ни**ей**
Präpositiv	(о) ли́ни**и**

68. Bei **Feminina** und **Maskulina** auf **-ья** erscheint im **Genitiv Plural** statt des **-ь-** bei Stammbetonung ein **-и-**, bei Endungsbetonung ein **-е́-**. In den übrigen Kasusformen bleibt -ь- erhalten.
го́стья – го́стьи, го́стий, го́стьям (weiblicher) Gast
судья́ – су́дьи, суде́й, су́дьям Richter

69. Feminina auf -а mit vorangehendem **ц oder Zischlaut**

кры́ша Dach	*Singular*	*Plural*
Nominativ	кры́ш**а**	кры́ш**и**
Genitiv	кры́ш**и**	кры́ш
Dativ	кры́ш**е**	кры́ш**ам**
Akkusativ	кры́ш**у**	кры́ш**и**
Instrumental	кры́ш**ей**	кры́ш**ами**
Präpositiv	(о) кры́ш**е**	(о) кры́ш**ах**

70. Einige Substantive auf **ж** oder **ш + а** bilden den **Genitiv Plural** auf **-е́й (-ей)**:
левша́ (Linkshänder), паша́ (Pascha), ханжа́ (Scheinheiliger), ю́ноша (Jüngling) *u. a.*

Ebenso:

бахчá (Melonenfeld), вожжá (Leine), каланчá (Wachtturm), пращá (Schleuder), свечá (Kerze).

Schaltvokal -о-, -е-, (-ё-) im Genitiv Plural

71. **Bei einer Anzahl Feminina** auf **-ля, -ня, -ка, -ца** mit vorangehendem Konsonant wird im **endungslosen Genitiv Plural** zwischen die Doppelkonsonanz der Schaltvokal **-о-/-е- (-ё-)** eingefügt.

72. Dabei wird **-е- vor** oder **nach weichen Konsonanten** bzw. **nach ж, ш, ч** (in unbetonter Stellung) eingeschoben:

земля́	– земéль	Erde, Land	дéвочка	– дéвочек	Mädchen
бáсня	– бáсен	Fabel			

Bei palatalem -л- erscheint das **-е-** anstelle des -ь-, **bei Diphthongen** anstelle des -й-:

спáльня	– спáлен	Schlafzimmer	копéйка	– копéек	Kopeke *u.a.*

Ebenso zeigen eine Reihe weiterer Feminina den Schaltvokal **-е-/-ё-** im Genitiv Plural:

ветлá	– вётел	Weide(nbaum)	метлá	– мётел	Besen
царéвна	– царéвен	Zarentochter	соснá	– сóсен	Fichte
кочергá	– кочерёг	Schürhaken	тюрьмá	– тю́рем	Gefängnis
свáдьба	– свáдеб	Hochzeit	серьгá	– серёг	Ohrring
овцá	– овéц	Schaf	судьбá	– сýдеб	Schicksal
дерéвня	– деревéнь	Dorf			

73. Das -о- wird **nach harten Konsonanten vor -ка** eingefügt:

бéлка	– бéлок	Eichhörnchen	доскá	– досóк	Brett *u.a.*

Ebenso zeigen einige andere Feminina **im Genitiv Plural** diesen Schaltvokal:

кýкла	– кýкол	Puppe	кишкá	– кишóк	Darm
кýхня	– кýхонь	Küche			

74. Feminina auf -ь

ночь Nacht	*Singular*	*Plural*
Nominativ	ноч**ь**	нóч**и**
Genitiv	нóч**и**	ноч**éй**
Dativ	нóч**и**	ноч**áм**
Akkusativ	ноч**ь**	нóч**и**
Instrumental	нóч**ью**	ноч**áми**
Präpositiv	(о) нóч**и**	(о) ноч**áх**

75. Folgende **Feminina** bilden den **Instrumental Plural** auch auf **-ми́**:

дверь	– дверьми́	Tür	лóшадь	– лошадьми́	Pferd
дочь	– дочерьми́	Tochter			

Vgl. noch die Formen детьми́, людьми́ unter 33.

76. Merke die Deklination folgender Feminina:

	Lüge	Roggen	Liebe
Nominativ	ложь	рожь	любо́вь
Genitiv	лжи	ржи	любви́
Dativ	лжи	ржи	любви́
Akkusativ	ложь	рожь	любо́вь
Instrumental	ло́жью	ро́жью	любо́вью
Präpositiv	(о) лжи	(о) ржи	(о) любви́

Dagegen flektiert der weibliche **Vorname** Любо́вь ohne Wegfall des -о-: Любо́ви *usw.*

це́рковь Kirche	*Singular*	*Plural*
Nominativ	це́рковь	це́ркви
Genitiv	це́ркви	церкве́й
Dativ	це́ркви	церква́м
Akkusativ	це́рковь	це́ркви
Instrumental	це́рковью	церква́ми
Präpositiv	(о) це́ркви	(о) церква́х

мать Mutter	*Singular*	*Plural*
Nominativ	мать	ма́тери
Genitiv	ма́тери	матере́й
Dativ	ма́тери	матеря́м
Akkusativ	мать	матере́й
Instrumental	ма́терью	матеря́ми
Präpositiv	(о) ма́тери	(о) матеря́х

Ebenso: дочь – до́чери Tochter (zum Instrumental Plural дочерьми́ s. 75).

Familiennamen

77. Die **männlichen Familiennamen** auf **-ин, -ын, -ов, -ев, -ёв** werden wie männliche Substantive auf harten Konsonant dekliniert – mit Ausnahme des **Instrumentals Singular,** der die Endung **-ым** statt -ом aufweist:

Пу́шкин, Пу́шкина, Пу́шкину, Пу́шкина, Пу́шкин**ым**, (о) Пу́шкине
Че́хов, Че́хова, Че́хову, Че́хова, Че́хов**ым**, (о) Че́хове

78. Die **weiblichen Familiennamen** auf **-ина, -ова, -ёва** werden wie Adjektive dekliniert – mit Ausnahme des **Akkusativs Singular,** der die Endung **-у** statt -ую hat:

Ахма́това, Ахма́товой, Ахма́товой, Ахма́тов**у**, Ахма́товой, (об) Ахма́товой

79. Ukrainische Familiennamen auf **-енко, -ко** werden heute gewöhnlich nicht dekliniert; früher wurden sie wie weibliche Substantive auf **-a** flektiert:

Короле́нко, Короленки, Короле́нке, Короле́нку, Короле́нкой, (о) Короле́нке

80. Familiennamen auf **-ич, -ович, -евич** werden wie männliche Substantive dekliniert, wenn sie männliche Personen bezeichnen; wenn sie dagegen weibliche Personen bezeichnen, werden sie nicht flektiert:

господи́н Григоро́вич, господи́на Григоро́вича *usw.*;
госпожа́ Григоро́вич, госпожи́ Григоро́вич *usw.*

81. Nichtrussische Familiennamen auf **Konsonant** werden wie männliche Substantive dekliniert, wenn sie männliche Personen bezeichnen; wenn sie dagegen weibliche Personen bezeichnen, werden sie nicht flektiert:

господи́н Ве́бер, господи́на Ве́бера *usw.*;
госпожа́ Ве́бер, госпожи́ Ве́бер *usw.*

82. Nichtrussische Familiennamen auf **Vokal** werden nicht dekliniert:

рома́н Гёте, кни́га Руссо́.

83. Vor- und Vatersnamen werden wie die entsprechenden Substantive dekliniert:

я ви́дел Ива́на Васи́льевича Во́лкова (говори́л **с** Ива́ном Васи́льевичем Во́лковым); письмо́ Татья́ны Ива́новны Во́лковой.

Städtenamen

84. Städtenamen auf **-ин, -ын, -ов(о), -ев(о)** werden wie männliche/sächliche, solche auf **-a** wie weibliche Substantive dekliniert:

Ки́ев, Ки́ева, Ки́еву, Ки́ев, Ки́евом, (о) Ки́еве;
Москва́, Москвы́, Москве́, Москву́, Москво́й, (о) Москве́

85. Nichtrussische Städtenamen auf **-у, -и, -е, -о** werden nicht dekliniert:

Баку́, Со́чи.

Gebrauch der Kasus

Genitiv

86. Der **Genitiv** steht nach Adjektiven wie по́лный (voll), досто́йный (würdig, wert):

э́тот вопро́с досто́ин внима́ния	diese Frage verdient Beachtung

87. Der **Genitiv** steht nach Mengenbegriffen wie мно́го (viel), ма́ло (wenig), ско́лько (wieviel), сто́лько (soviel), не́сколько (einige) sowie nach Maß- und Mengenangaben (vgl. 50.):

ма́ло вре́мени	wenig Zeit
литр молока́	ein(en) Liter Milch
он купи́л кило́ са́хару	er kaufte ein Kilo Zucker

88. Der **Genitiv** steht als **partitiver Genitiv** nach transitiven Verben, wenn ein Teil des Ganzen oder eine unbestimmte Menge bezeichnet werden soll:

дай емý молокá!	gib ihm Milch!
принеси́те мне дéнег!	bringen Sie mir Geld!

89. Der **Genitiv** steht **nach den Verben des Wünschens, Erwartens, Bittens, Forderns** u.a.:

добивáться ⟨доби́ться⟩*) (streben, trachten ⟨erlangen⟩), дожидáться ⟨дождáться⟩ ([er-, ab]warten ⟨erleben⟩), достигáть ⟨дости́чь, дости́гнуть⟩ (erreichen), ждать, ожидáть ([er]warten), ⟨по⟩желáть (wünschen), искáть (suchen), ⟨по⟩проси́ть (bitten), ⟨по⟩трéбовать (fordern, verlangen), хотéть (wollen).

90. Handelt es sich um einen **bestimmten, konkreten Gegenstand** oder um eine **Person,** so steht nach хотéть, ждать, искáть, проси́ть, трéбовать der **Akkusativ**; *vgl.:*

я ищý кни́гу (*A*)	ich suche das Buch
я ищý поддéржки (*G*)	ich suche Unterstützung

91. Nach **ждать** stehen die Substantive письмó (Brief), пóезд (Zug), трамвáй (Straßenbahn), автóбус (Autobus) u.ä. stets im Genitiv, obwohl sie Konkreta sind.

92. Der **Genitiv** steht ferner **nach folgenden Verben**:

⟨по⟩боя́ться (fürchten), держáться (sich halten an), избегáть ⟨избежáть, избéгнуть⟩ (vermeiden), касáться ⟨коснýться⟩ (berühren, betreffen), лишáться ⟨лиши́ться⟩ (einbüßen, verlieren), опасáться (befürchten), остерегáться ⟨остерéчься⟩ (sich hüten vor), ⟨ис⟩пугáться (erschrecken), слýшаться (gehorchen), сторони́ться (ausweichen), стóить (kosten, wert sein), стыди́ться (sich schämen), чуждáться (scheuen, meiden).

93. Der **Genitiv** steht in Komparativwendungen zum Ausdruck des verglichenen Gliedes: мать молóже отцá die Mutter ist jünger als der Vater (s. 106.).

Dativ

94. Der **Dativ** steht nach substantivischen und adjektivischen Ausdrücken wie пáмятник (Denkmal), рад (froh, erfreut):

пáмятник Пýшкину	das Puschkindenkmal
я рад э́тому слýчаю	ich freue mich über diese Gelegenheit

95. Der **Dativ** steht **nach folgenden Verben**:

⟨по⟩вреди́ть (Schaden zufügen), ⟨по⟩зави́довать (beneiden), ⟨по⟩звони́ть (по телефóну) (anrufen), изменя́ть ⟨измени́ть⟩ (verraten, untreu sein/werden), ⟨по⟩мешáть (stören), ⟨ото⟩мсти́ть (sich rächen an), обучáть ⟨обучи́ть⟩ (*A/D – j-m et.* beibringen, *j-n in et.* unterweisen, unterrichten), ⟨вос⟩препя́тствовать (*D – et.* verhindern; *D* в P – *j-n an et.* hindern), ⟨об⟩рáдоваться (sich freuen), ⟨по⟩сочýвствовать (mitfühlen, bemitleiden), удивля́ться ⟨удиви́ться⟩ (sich wundern), ⟨на⟩учи́ть (*A/D – j-n et.* lehren), ⟨на⟩учи́ться (lernen).

*) In spitzen Klammern steht die perfektive Verbform – vgl. dazu 215. u. ff.

96. **Als** sog. **logisches Subjekt** in Verbindung mit den **unpersönlichen Ausdrücken** на́до, ну́жно, необходи́мо (es ist nötig, man muß), мо́жно (kann, darf), нельзя́ (darf nicht) + **Infinitiv**:

студе́нту на́до рабо́тать	der Student muß arbeiten
больно́му нельзя́ кури́ть	ein Kranker darf nicht rauchen

97. **Als** sog. **logisches Subjekt** in Verbindung mit **unpersönlichen Verben,** *z.B.*:

мне не спи́тся	ich kann nicht schlafen
ему́ хо́чется пить	er möchte trinken

Akkusativ

98. Der **Akkusativ** bezeichnet einen **bestimmten Zeitabschnitt**:

я отдыха́л неде́лю	ich ruhte eine Woche (lang) aus

99. Der **Akkusativ** bezeichnet in **Verbindung mit Verben der Bewegung** usw. einen **bestimmten Raumabschnitt**:

всю доро́гу мы шли мо́лча	den ganzen Weg gingen wir schweigend

100. Der **Akkusativ** steht abweichend vom Deutschen **nach folgenden Verben,** die im Russischen demnach **transitiv** sind:

⟨по⟩благодари́ть (danken), по́мнить (denken an), вспомина́ть ⟨вспо́мнить⟩ (sich erinnern an), поздравля́ть ⟨поздра́вить⟩ (gratulieren).

Instrumental

101. Der **Instrumental drückt das Mittel oder Werkzeug** aus, mit dem etwas getan wird:

писа́ть карандашо́м	mit dem Bleistift schreiben

102. Der **Instrumental** bezeichnet die **Art und Weise** einer Handlung:

он бы́стрыми шага́ми пошёл к вокза́лу	er ging schnellen Schrittes zum Bahnhof

103. Der **Instrumental** kann **Zeitabschnitte** (Tages- und Jahreszeiten) bezeichnen:

ра́нним у́тром	am frühen Morgen
тёмной но́чью	in dunkler Nacht
по́здней о́сенью	im Spätherbst

104. Der **Instrumental** bezeichnet das **Fortbewegungsmittel**:

я е́ду по́ездом	ich fahre mit dem Zug
вы е́дете трамва́ем?	fahren Sie mit der Straßenbahn?

105. Der **Instrumental** bezeichnet die **Fläche,** über die sich eine Bewegung vollzieht, oder den **Raum,** durch den sich etwas erstreckt:

мы шли бе́регом реки́	wir gingen am Flußufer entlang
доро́га шла ле́сом	der Weg führte durch einen Wald

106. Der **Instrumental** bezeichnet das **Maß des** (zeitlichen, räumlichen, gewichtmäßigen *usw.*) **Unterschiedes** zwischen zwei verglichenen Gegenständen oder Personen:

я двумя́ года́ми ста́рше бра́та	ich bin zwei Jahre älter als mein Bruder
он пришёл ча́сом по́зже, чем я	er kam eine Stunde später als ich

107. Der **Instrumental** bezeichnet **in passiven Sätzen** den **Urheber**:

письмо́ бы́ло подпи́сано нача́льником отде́ла	der Brief war vom Abteilungsleiter unterschrieben (worden)

108. Der **Instrumental** steht nach den Adjektiven дово́льный (zufrieden), бе́дный bzw. бога́тый (arm bzw. reich an):

он дово́лен свое́й рабо́той	er ist mit seiner Arbeit zufrieden
Ура́л бога́т поле́зными ископа́емыми	der Ural ist reich an Bodenschätzen

109. Der **Instrumental** steht **nach folgenden** sog. **Hilfsverben**:
быть, явля́ться (sein), ⟨по⟩каза́ться ([er]scheinen), ока́зываться ⟨оказа́ться⟩ (sich erweisen als), станови́ться ⟨стать⟩ (werden), счита́ться (gelten für), остава́ться ⟨оста́ться⟩ (bleiben, sein), называ́ться (heißen).

110. Der **Instrumental** steht ferner nach den Verben рабо́тать (arbeiten), выбира́ть ⟨вы́брать⟩ (wählen), назнача́ть ⟨назна́чить⟩ (ernennen) **zur Bezeichnung von Tätigkeit, Amt oder Beruf**:

он рабо́тает хи́миком	er arbeitet als Chemiker
его́ назна́чили профе́ссором	man ernannte ihn zum Professor

111. Der **Instrumental** steht schließlich noch **nach folgenden Verben**:
владе́ть (besitzen, beherrschen), воня́ть (stinken nach), восторга́ться, восхища́ться (entzückt sein), горди́ться (stolz sein auf), дорожи́ть (schätzen), же́ртвовать (opfern), заболева́ть ⟨заболе́ть⟩ (erkranken), заве́довать (leiten, verwalten), завладе́ть *pf.* (sich bemächtigen), занима́ться ⟨заня́ться⟩ (sich beschäftigen), злоупотребля́ть ⟨злоупотреби́ть⟩ (mißbrauchen), изоби́ловать (reich sein an), интересова́ться (sich interessieren), кома́ндовать (kommandieren), любова́ться (sich ergötzen an, bewundern), наслажда́ться ⟨наслади́ться⟩ (genießen), облада́ть (haben, besitzen), овладева́ть ⟨овладе́ть⟩ (sich bemächtigen ⟨beherrschen⟩), ограни́чиваться ⟨ограни́читься⟩ (sich beschränken), па́хнуть (riechen nach), ⟨вос⟩по́льзоваться (benutzen), пра́вить (lenken, regieren), пренебрега́ть ⟨пренебре́чь⟩ (verschmähen), признава́ть ⟨призна́ть⟩ (anerkennen), располага́ть, распоряжа́ться (verfügen), рискова́ть (riskieren), руководи́ть (leiten), служи́ть (dienen), слыть (gelten), страда́ть (leiden), счита́ть ⟨счесть⟩ (halten für), увлека́ться (sich begeistern), управля́ть (regieren, lenken).

Präpositiv

112. Der **Präpositiv** steht – wie sein Name besagt – **nur nach Präpositionen** (s. 204; 206–207).

II. ADJEKTIV

113. Das **Adjektiv** unterscheidet im Singular die drei Geschlechter **männlich, weiblich, sächlich**; im Plural gibt es nur eine gemeinsame Endung für alle drei Geschlechter.

114. Das **Adjektiv** richtet sich in Genus, Kasus und Numerus nach seinem jeweiligen Bezugswort (Substantiv).

115. Die **Endungen** sind je nach hartem oder weichem Stamm des Adjektivs verschieden:

	m	*f*	*n*	*pl.*
hart *unbetont*	-ый	-ая	-ое	-ые
betont	-óй	-áя	-óе	-ы́е
weich	-ий	-яя	-ее	-ие

Bei vorangehendem г, к, х oder Zischlaut im Stammauslaut sind die Schreibregeln zu beachten (s. 14).

116. Deklination

Maskulinum und Neutrum haben die gleichen Flexionsendungen (außer im Nominativ und dem ihm bei Bezeichnung von unbelebten Gegenständen gleichen Akkusativ).

	hart		*weich*	
	neu *m*	*f*	blau *m*	*f*
Nominativ	нóв**ый**	**-ая**	си́н**ий**	**-яя**
Genitiv	нóв**ого**	**-ой**	си́н**его**	**-ей**
Dativ	нóв**ому**	**-ой**	си́н**ему**	**-ей**
Akkusativ	нóв**ый**	**-ую**	си́н**ий**	**-юю**
Instrumental	нóв**ым**	**-ой**	си́н**им**	**-ей**
Präpositiv	(о) нóв**ом**	**-ой**	(о) си́н**ем**	**-ей**

Plural

Nominativ	нóв**ые**	си́н**ие**
Genitiv	нóв**ых**	си́н**их**
Dativ	нóв**ым**	си́н**им**
Akkusativ	нóв**ые**	си́н**ие**
Instrumental	нóв**ыми**	си́н**ими**
Präpositiv	(о) нóв**ых**	(о) си́н**их**

117. Nach ihrer Bedeutung gibt es **Qualitäts-, Beziehungs-** und **Possessivadjektive. Qualitätsadjektive** bezeichnen eigentliche, **steigerungsfähige** Merkmale von Substantiven:

сейча́с ве́тер холо́дный, а ве́чером он бу́дет ещё холодне́е.	jetzt ist der Wind kalt, aber am Abend wird er noch kälter sein.

Beziehungsadjektive bezeichnen bezugsanzeigende und daher **nichtsteigerungsfähige** Merkmale von Substantiven:

ка́менный дом	steinernes Haus
осе́нние ли́стья	herbstliches Laub
лесно́й во́здух	Waldluft

Possessivadjektive bezeichnen ein **Besitzverhältnis** oder die **Zugehörigkeit** zu einer Person (Näheres s. 133, 134).

118. Nur die Qualitätsadjektive unterscheiden zwei Formen: **Langform** und **Kurzform.** Die **Langform** hat **stets festen Akzent** (vgl. die Paradigmen 115–116); die **Kurzform kann beweglichen Akzent** haben, sie wird stets prädikativ, d.h. als **Prädikatsnomen,** gebraucht.

119. Die **Langform** wird **attributiv** und **prädikativ** gebraucht. **Attributiv** steht sie **vor** dem Subjekt des Satzes, **prädikativ nach** diesem:

э́то интере́сная кни́га	dies ist ein interessantes Buch
э́та кни́га интере́сная	dies Buch ist interessant

120. Im **Präteritum,** in Verbindung mit der Kopula был, была́, бы́ло, бы́ли (war[en]) steht die Langform im **Nominativ** oder **Instrumental,** wobei die lebendige Umgangssprache den Nominativ vorzieht:

фильм был о́чень интере́сный   der Film war sehr interessant

Kurzform

121. Die **Kurzform** wird **aus der Langform eines Qualitätsadjektivs** durch Weglassung der Endung abgeleitet. Dabei erhält man den Stamm, der zugleich der **männlichen Kurzform** entspricht; die übrigen drei Kurzformen werden durch Hinzufügung jeweils einer Endung gebildet, und zwar:

- **-a** für das Femininum
- **-o** für das Neutrum
- **-ы** / **-и** } für den Plural

краси́вый – краси́в, краси́ва, краси́во, краси́вы   schön

Die Kurzformen werden **nicht dekliniert.**

122. Stehen in der Langform **zwei Konsonanten** im Stammauslaut, so wird zur leichteren Aussprache oft in der endungslosen **männlichen** Kurzform zwischen beiden Konsonanten der Schaltvokal **-o-** oder **-e-** eingeschoben.

123. Ein **-o-** wird eingeschoben, wenn die Doppelkonsonanz aus **hartem Konsonant + -к-** besteht:

бли́зкий – бли́зок (nahe)   кре́пкий – кре́пок (kräftig) *u.a.*

124. Ebenso bilden die männliche Kurzform до́лгий (lang), по́лный (voll), смешно́й (lächerlich): до́лог, по́лон, смешо́н.

125. Ein **-е-** wird eingeschoben, wenn im Stammauslaut **Konsonant + н** stehen, wobei ein die Weichheit von **-л-** vor Konsonant in der Schrift anzeigendes **ь** in der männlichen Kurzform vor Vokal natürlich wegfällt:

бе́дный – бе́ден	(arm)	у́мный – умён	(klug) *u.a.*
больно́й – бо́лен	(krank)		

126. Aus dem gleichen Grund wird nach palatalem **-рь-** bzw. nach Diphthong selbst vor **-к-** ein **-е-** eingefügt (das **-ь-** oder **-й-** der Schrift brauchen dabei in der Kurzform nicht zu erscheinen):

го́рький – го́рек	(bitter)	бо́йкий – бо́ек	(flink) *u.a.*

127. Vor **-л** oder **-р** wird ein **-е-** in die Doppelkonsonanz eingefügt:

ки́слый – ки́сел	(sauer)	хи́трый – хитёр	(schlau)
све́тлый – све́тел	(hell)	о́стрый – остёр	(spitz)
тёплый – тёпел	(warm)		

128. Die Doppelkonsonanz **-ст-** bedarf keines Schaltvokals:
чи́стый – чист (sauber)

129. Die **Adjektive** auf **-енный** bilden die männliche Kurzform entweder auf ein **-н** oder durch Einschub von **-е-** zwischen die beiden **н**:
легкомы́сленный – легкомы́слен (leichtsinnig)
обыкнове́нный – обыкнове́нен (gewöhnlich)

130. In der lebendigen Umgangssprache ist in prädikativer Funktion die Langform gebräuchlicher als die Kurzform.

131. In Verbindung mit **э́то** als Subjekt wird **nur die sächliche Kurzform** (= Adverb) gebraucht:
э́то интере́сно das ist interessant

132. Wenn das **prädikativ** gebrauchte Adjektiv eine **Ergänzung** nach sich hat, steht die **Kurzform**:

э́та кни́га интере́сна свои́ми иллюстра́циями	dies Buch ist durch seine Illustrationen interessant

Possessivadjektive

133. Die **Possessivadjektive** auf **-ин, -ина, -ино, -ины** und **-ов, -ова, -ово, -овы** werden heute adjektivisch dekliniert außer **im Akkusativ** der **weiblichen Form,** wo die Endung **-у** (statt -ую) lautet. Lebendig sind eigentlich nur noch die Possessivadjektive auf **-ин**:
ма́мина шля́па Muttis Hut

Vgl. **-ов-**Formen in stehenden Wendungen:
ада́мово я́блоко Adamsapfel
крокоди́ловы слёзы Krokodilstränen;

ferner mittels des Suffixes **-ск-** zu Beziehungsadjektiven erweitert:

отцо́вский дом Vaters Haus

134. Die **possessiven Gattungsadjektive** auf **-ий, -ья, -ье, -ьи,** die von Tiernamen abgeleitet sind, werden wie folgt dekliniert:

ли́сий Fuchs-	*m*	*n*	*f*	*pl.*
Nominativ	**ли́сий**	**-ье**	**-ья**	**-ьи**
Genitiv	**ли́сьего**		**-ьей**	**-ьих**
Dativ	**ли́сьему**		**-ьей**	**-ьим**
Akkusativ	**ли́сий**	**-ье**	**-ью**	**-ьи**
Instrumental	**ли́сьим**		**-ьей**	**-ьими**
Präpositiv	(о) **ли́сьем**		**-ьей**	**-ьих**

Steigerung

135. **Nur die Qualitätsadjektive** können gesteigert werden (*s.* 117).

136. Der **Komparativ** kann **einfach** oder **zusammengesetzt** sein. Der einfache Komparativ weist im Gegensatz zum zusammengesetzten keine Genusunterschiede auf und wird auch nicht flektiert.

137. Der **einfache Komparativ** wird vom Positiv der prädikativen Form durch Anfügung der Endungen **-е, -ее (-ей)** gebildet und dementsprechend nur prädikativ gebraucht.

138. Die **meisten Adjektive** bilden den **einfachen Komparativ** auf betontes **-е́е (-е́й)**:

си́льный/силён *usw.* – сильне́е [сильне́й] (stark)

Bei **drei-** und **mehrsilbigen Adjektiven** bleibt gewöhnlich der **Stamm betont**:

краси́вый/краси́в *usw.* – краси́вее [краси́вей] (schön)

139. Die **Adjektive** mit den **Konsonanten г, к, х, д, т, ск, ст** im Stammauslaut bilden den **einfachen Komparativ** durch Konsonantenwechsel (г, д ↦ ж; к, т ↦ ч; х ↦ ш, ск, ст ↦ щ) + Endung **-е,** die nie betont ist:

дорого́й	– доро́же	teurer	ти́хий	– ти́ше	leiser
молодо́й	– моло́же	jünger	пло́ский	– пло́ще	flacher
кре́пкий	– кре́пче	kräftiger	чи́стый	– чи́ще	reiner
бога́тый	– бога́че	reicher	*u.a.*		

140. **Merke**:

ни́зкий	– ни́же	niedriger	плохо́й	– ху́же	schlechter
высо́кий	– вы́ше	höher	хоро́ший	– лу́чше	besser
у́зкий	– у́же	schmaler	ма́ленький	– ме́ньше	kleiner
бли́зкий	– бли́же	näher	широ́кий	– ши́ре	breiter
коро́ткий	– коро́че	kürzer	большо́й	– бо́льше	größer
ре́дкий	– ре́же	seltener	сла́дкий	– сла́ще	süßer
далёкий	– да́льше	weiter	по́здний	– по́зже	
до́лгий	– до́льше	länger		*od.* поздне́е	später
то́нкий	– то́ньше	dünner	глубо́кий	– глу́бже	tiefer

141. Zur Bildung des **zusammengesetzten Komparativs** setzt man **бо́лее** (oder **ме́нее**) vor die Form des **Positivs.** Dies geschieht **stets bei** den Adjektiven auf **-ский, -овый, -евый,** die keinen einfachen Komparativ bilden können. **Ebenso** stets bei ве́тхий (alt, baufällig), го́рдый (stolz), де́рзкий (frech), ли́пкий (klebrig), ли́шний (überflüssig), ра́нний (früh; vgl. ра́но – ра́ньше), уста́лый (müde).

142. Der **zusammengesetzte Komparativ** mit бо́лее (ме́нее) kann auch von allen anderen Qualitätsadjektiven neben dem einfachen Komparativ gebildet werden.

143. Die Konjunktion **als** nach dem Komparativ lautet **чем** (mit Kommasetzung davor!). An ihre Stelle kann auch der Genitiv des Vergleichswortes treten (vgl. 93), wenn in der Parallelkonstruktion nach чем der Nominativ oder Akkusativ stehen würde:

он ста́рше, чем я
он ста́рше меня́ } er ist älter als ich

144. Beim zusammengesetzten Komparativ darf **nur** die Konjunktion **чем** gebraucht werden. Das gleiche gilt natürlich auch in Konstruktionen, bei denen **keine nominalen Glieder,** sondern z. B. **verbale** verglichen werden:

она лу́чше чита́ет, чем пи́шет   sie liest besser, als sie schreibt

Superlativ

145. Der **Superlativ** kann **einfach** oder **zusammengesetzt** sein, wobei die zusammengesetzte Form die häufiger gebrauchte ist.

146. Zur Bildung des **einfachen Superlativs** wird an den Adjektivstamm das Suffix **-е́йш-** + Endung **-ий** angefügt: бога́тый – богате́йший (der reichste od. überaus reiche). Bei Stammauslaut auf **г, к, х** tritt der Konsonantenwechsel zu ж, ч, ш ein und das Superlativ-Suffix lautet **-а́йш-**:

стро́гий	– строжа́йший	strengste(r)
кре́пкий	– крепча́йший	kräftigste(r)
ти́хий	– тиша́йший	leiseste(r)

147. Merke:

хоро́ший	– лу́чший	beste(r)
плохо́й	– ху́дший	schlechteste(r)
высо́кий	– вы́сший	höchste(r), oberste(r)
ни́зкий	– ни́зший	niedrigste(r), unterste(r)

148. Zur **Verstärkung** der superlativischen Bedeutung kann das Superlativpräfix **наи-** verwendet werden:

наилу́чший (der allerbeste)

149. Von vielen Adjektiven kann der einfache Superlativ nicht gebildet werden. Ganz allgemein, d. h. für **alle** Qualitätsadjektive, wird die **zusammengesetzte Form** des Superlativs gebraucht, die durch Voransetzen von **са́мый** oder **наибо́лее** vor den Positiv gebildet wird:

са́мый (*od.* наибо́лее) интере́сный (der interessanteste).

150. Der **zusammengesetzte Superlativ** kann auch durch den **Komparativ** + **всех** bzw. **всего́** gebildet werden:

моло́же всех	(jünger als alle, jüngster)
лу́чше всего́	(am besten)

III. ZAHLWORT

151. Grundzahlen

0	ноль
1	оди́н (*m*), одна́ (*f*), одно́ (*n*), одни́ (*pl.*)
2	два (*m*/*n*), две (*f*)
3	три
4	четы́ре
5	пять
6	шесть
7	семь
8	во́семь
9	де́вять
10	де́сять
11	оди́ннадцать
12	двена́дцать
13	трина́дцать
14	четы́рнадцать
15	пятна́дцать
16	шестна́дцать
17	семна́дцать
18	восемна́дцать
19	девятна́дцать
20	два́дцать
21	два́дцать оди́н
30	три́дцать
40	со́рок
50	пятьдеся́т
60	шестьдеся́т
70	се́мьдесят
80	во́семьдесят
90	девяно́сто
100	сто
101	сто оди́н
110	сто де́сять
145	сто со́рок пять
200	две́сти
300	три́ста
400	четы́реста
500	пятьсо́т
600	шестьсо́т
700	семьсо́т
800	восемьсо́т
900	девятьсо́т
1000	ты́сяча
2000	две ты́сячи
5000	пять ты́сяч
10000	де́сять ты́сяч
100000	сто ты́сяч
1000000	миллио́н
2000000	два миллио́на
5000000	пять миллио́нов

152. ты́сяча und **миллио́н** sind Substantive und werden als solche dekliniert. Nach ihnen steht das abhängige Substantiv einschließlich Adjektiv stets im Genitiv Plural:

ты́сяча слов	eintausend Worte
миллио́н но́вых рубле́й	eine Million neue Rubel

153. Bei **оди́н** stehen die dazugehörigen Wörter (Substantiv, Adjektiv usw.) im gleichen Kasus wie оди́н:

оди́н большо́й дом	ein großes Haus
одна́ больша́я ко́мната	ein großes Zimmer
одно́ большо́е окно́	ein großes Fenster

154. Nach dem Nominativ (Akkusativ) der Zahlen **2-4** steht das abhängige **Substantiv im Genitiv Singular,** das **Adjektiv im Genitiv Plural** (auf ein männliches oder sächliches Substantiv bezogen) **oder im Nominativ Plural** (auf ein weibliches Substantiv bezogen):

два карандаша́ (*G*/*sg.*)	zwei Bleistifte
два хоро́ших (*G*/*pl.*) карандаша́ (*G*/*sg.*)	zwei gute Bleistifte

две хоро́шие (*N/pl.*) | zwei gute
ру́чки (*G/sg.*) | Federhalter

155. Nach den Zahlen **von 5 ab** aufwärts (bis einschließlich 20) stehen das abhängige Substantiv und ein etwa dazugehöriges Adjektiv im **Genitiv Plural,** wenn das Zahlwort selber im Nominativ (Akkusativ) steht:

пять карандаше́й	fünf Bleistifte
пять хоро́ших карандаше́й	fünf gute Bleistifte

156. Bei **zusammengesetzten Zahlwörtern** richtet sich das abhängige Wort **nach der letzten Zahl**:

два́дцать оди́н каранда́ш (*N/sg.*)	21 Bleistifte
два́дцать два карандаша́ (*G/sg.*)	22 Bleistifte
два́дцать пять карандаше́й (*G/pl.*)	25 Bleistifte

157. In allen übrigen (obliquen) **Kasus stimmen Zahlwort, Substantiv und Adjektiv überein:**

двумя́ хоро́шими карандаша́ми — mit zwei guten Bleistiften

158. Zahlwort + Substantiv als Subjekt(gruppe)
Bei **2-4** steht das Prädikat gewöhnlich im **Plural**:

пришли́ три студе́нта — es sind drei Studenten gekommen

Ab 5 aufwärts steht das Prädikat

a) **im Plural,** wenn der Nachdruck auf dem Substantiv liegt:
пришл**и́** пять студе́нтов — es sind fünf **Studenten** gekommen (*u. nicht z.B. Soldaten*)

b) **im Singular** (im **Präteritum** in der **sächlichen Form**), wenn der Nachdruck auf der Zahl liegt:
пришло́ то́лько **пять** студе́нтов — es sind nur **fünf** Studenten gekommen

c) der **Plural** ist bei allen Zahlwörtern **obligatorisch,** wenn das Substantiv ein Attribut im Plural bei sich hat:
пришл**и́** пять иностра́нных студе́нтов — es sind fünf ausländische Studenten gekommen

d) Ist **bei zusammengesetzten Zahlen** die letzte Zahl 1, so steht das **Prädikat im Singular**:

пришёл два́дцать **оди́н** студе́нт	es sind 21 Studenten gekommen
пришл**а́** два́дцать **одна́** студе́нтка	es sind **21** Studentinnen gekommen

159. Nach den **unbestimmten Zahlwörtern** мно́го (viele), немно́го (einige), ма́ло (wenige), нема́ло (nicht wenige), ско́лько (wieviele), сто́лько (soviele) steht das **Prädikat** gewöhnlich im **Singular** (im **Präteritum** in der **sächlichen Form**):

мно́го карандаше́й лежа́ло на столе́ — viele Bleistifte lagen auf dem Tisch

160. Deklination

1

Nominativ	оди́н	одно́	одна́	одни́
Genitiv	одного́		одно́й	одни́х
Dativ	одному́		одно́й	одни́м
Akkusativ	оди́н (одного́)	одно́	одну́	одни́(х)
Instrumental	одни́м		одно́й	одни́ми
Präpositiv	(об) одно́м		одно́й	одни́х

	2		**3**	**4**
Nominativ	два	две	три	четы́ре
Genitiv	двух		трёх	четырёх
Dativ	двум		трём	четырём
Akkusativ	два (двух)	две	три (трёх)	четы́ре (четырёх)
Instrumental	двумя́		тремя́	четырьмя́
Präpositiv	(о) двух		(о) трёх	(о) четырёх

	5 (6, 7, 9, 10)	**8**
Nominativ	пять	во́семь
Genitiv	пяти́	восьми́
Dativ	пяти́	восьми́
Akkusativ	пять	во́семь
Instrumental	пятью́	восемью́
Präpositiv	(о) пяти́	(о) восьми́

	11-19	**20** (30)
Nominativ	оди́ннадцать	два́дцать
Genitiv	оди́ннадцати	двадцати́
Dativ	оди́ннадцати	двадцати́
Akkusativ	оди́ннадцать	два́дцать
Instrumental	оди́ннадцатью	двадцатью́
Präpositiv	(об) оди́ннадцати	(о) двадцати́

	40	**50** (60, 70)
Nominativ	со́рок	пятьдеся́т
Genitiv	сорока́	пяти́десяти
Dativ	сорока́	пяти́десяти
Akkusativ	со́рок	пятьдеся́т
Instrumental	сорока́	пятью́десятью
Präpositiv	(о) сорока́	(о) пяти́десяти

	80	100 (90)
Nominativ	во́семьдесят	сто
Genitiv	восьми́десяти	ста
Dativ	восьми́десяти	ста
Akkusativ	во́семьдесят	сто
Instrumental	восемью́десятью	ста
Präpositiv	(о) восьми́десяти	(о) ста

	200	300
Nominativ	две́сти	три́ста
Genitiv	двухсо́т	трёхсо́т
Dativ	двумста́м	трёмста́м
Akkusativ	две́сти	три́ста
Instrumental	двумяста́ми	тремяста́ми
Präpositiv	(о) двухста́х	(о) трёхста́х

	400	500 (600, 700, 900)
Nominativ	четы́реста	пятьсо́т
Genitiv	четырёхсо́т	пятисо́т
Dativ	четырёмста́м	пятиста́м
Akkusativ	четы́реста	пятьсо́т
Instrumental	четырьмяста́ми	пятьюста́ми
Präpositiv	(о) четырёхстах	(о) пятиста́х

	800
Nominativ	восемьсо́т
Genitiv	восьмисо́т
Dativ	восьмиста́м
Akkusativ	восемьсо́т
Instrumental	восемьюста́ми
Präpositiv	(о) восьмиста́х

161. Rechnen

пять плюс пять (бу́дет) де́сять		5 + 5 =	10
де́сять минус пять (бу́дет) пять		10 − 5 =	5
де́сять раздели́ть на пять (бу́дет) два		10 : 5 =	2
два́жды пять	– де́сять	2 × 5 =	10
три́жды пять	– пятна́дцать	3 × 5 =	15
четы́режды пять	– два́дцать	4 × 5 =	20
пя́тью пять	– два́дцать пять	5 × 5 =	25
ше́стью пять	– три́дцать	6 × 5 =	30
се́мью пять	– три́дцать пять	7 × 5 =	35

во́семью пять	– со́рок	8 × 5 =	40
де́вятью пять	– со́рок пять	9 × 5 =	45
де́сятью пять	– пятьдеся́т	10 × 5 =	50

aber:

оди́ннадцать умно́жить на пять	– пятьдеся́т пять	11 × 5 =	55
два́дцать три умно́жить на пять	– сто пятна́дцать	23 × 5 =	115
сто умно́жить на пять	– пятьсо́т	100 × 5 =	500

162. Sammelzahlen
о́ба (*m*/*n*), о́бе (*f*): (beide); дво́е (2), тро́е (3), че́тверо (4), пя́теро (5), ше́стеро (6), се́меро (7), во́сьмеро (8), де́вятеро (9), де́сятеро (10).

163. Nach den **Sammelzahlen** (außer о́ба, о́бе) steht das abhängige Wort im **Genitiv Plural**:

дво́е дете́й	zwei Kinder
се́меро козля́т	die sieben Geißlein

aber:

о́ба ученика́ (*G*/*sg*.)	beide Schüler
о́бе учени́цы (*G*/*sg*.)	beide Schülerinnen (vgl. 154.)

164. Die **Sammelzahlen** werden wie der **Plural der Adjektive** dekliniert; sie sind (außer о́ба, о́бе) ab Genitiv Plural endungsbetont:

дво́е, двои́х, двои́м *usw.* zwei (zu zweien)
о́ба, обо́их, обо́им *usw.* } beide
о́бе, обе́их, обе́им *usw.* } beide

165. Sammelzahlen stehen

a) nur bei **Substantiven,** die **männliche Personen** bezeichnen (*Ausnahme:* о́бе, *s.o.*), sowie bei den Pluralformen де́ти (Kinder) und лю́ди (Leute, Menschen);

b) bei **Personalpronomina,** die sich verallgemeinernd auf (männliche) **Personen** beziehen:
нас бы́ло тро́е wir waren zu dritt

c) **selbständig,** wenn sie sich auf **männliche Personen** beziehen:
он рабо́тает за двои́х er arbeitet für zwei

d) bei Substantiven, die **Tierjunge** bezeichnen:
тро́е цыпля́т 3 Küchlein

e) bei Substantiven, die nur **im Plural** vorkommen (sog. Pluraliatantum), jedoch gewöhnlich nur im Nominativ; die übrigen Kasus werden durch die Grundzahlen ersetzt:
дво́е но́жниц zwei Scheren
двумя́ но́жницами mit zwei Scheren

f) bei Substantiven, die **paarige Gegenstände** bezeichnen:
дво́е лыж 2 Paar Schier

Ordnungszahlen

166. Die **Ordnungszahlen haben Adjektivendungen** und werden wie diese dekliniert:

1. пéрвый, 2. вторóй, 3. трéтий, 4. четвёртый, 5. пя́тый, 6. шестой, 7. седьмóй, 8. восьмóй, 9. девя́тый, 10. деся́тый, 11. оди́ннадцатый, 20. двадцáтый, 30. тридцáтый, 40. сороковóй, 50. пятидеся́тый, 90. девянóстый, 100. сóтый, 200. двухсóтый, 600. шестисóтый, 1000. ты́сячный, 1000000. миллиóнный.

167. Bei **zusammengesetzten Zahlen** erscheint **nur die letzte Zahl** als **Ordnungszahl,** und auch **nur diese letzte wird dekliniert.**

в ты́сяча девятьсóт сéмьдесят **пя́том** годý   im Jahre 1975

168. Zeitbezeichnungen

Zur Angabe von Uhrzeit, Datum, Alter werden sowohl Grund- als auch Ordnungszahlen verwendet.

169. Uhrzeit

котóрый час?	wie spät ist es?
час	(es ist) eins
два часá	(es ist) 2 Uhr
пять часóв	(es ist) 5 Uhr
чéтверть пéрвого	(es ist) Viertel nach 12, 12.15
полови́на вторóго	(es ist) halb zwei, 1.30
без чéтверти три	(es ist) Viertel vor 3
без пяти́ (минýт) семь	(es ist) 5 (Minuten) vor 7
без двух (минýт) час	(es ist) 2 (Minuten) vor 1
пять (минýт) пéрвого	(es ist) 5 (Minuten) nach 12
в котóром часý?	um wieviel Uhr?
в чéтверть пя́того	um Viertel nach 4
в полови́не деся́того	um halb 10

170. Datum

Ist das **Datum Subjekt** (oder **direktes Objekt**), so steht die Tageszahl in der sächlichen Form der Ordnungszahl (weil auf das Neutrum числó = Datum bezogen), der Monat und das Jahr im Genitiv:

пéрвое мáя – прáздник	der 1. Mai ist ein Feiertag
какóе сегóдня числó?	welches Datum haben wir heute?
сегóдня трéтье декабря́	heute ist der 3. Dezember

Ist das **Datum nicht Subjekt** (oder **direktes Objekt**), so steht die Tageszahl bei der Datumsangabe im Genitiv, ebenso auch Monat und Jahr:

пятнáдцатого сентября́ ты́сяча девятьсóт семидеся́того гóда	den (*od.* am) 15. September 1970

171. Alter

Die **Altersangaben** werden mit **Grundzahlen** ausgedrückt; die **Person** steht im **Dativ**:

ско́лько тебе́ лет?	wie alt bist du?
мне четы́ре го́да	ich bin 4 Jahre alt
а ско́лько вам лет?	und wie alt sind Sie?
мне два́дцать лет	ich bin 20 Jahre alt
мне испо́лнилось со́рок два го́да	ich bin 42 Jahre (alt) geworden

Anm.: **год** „Jahr" wird für die Wendungen mit 1, 2–4 verwendet; ab 5 aufwärts, d.h. für die Verbindungen mit G/pl. beim abhängigen Substantiv, wird **лет** gebraucht.

172. Bruchzahlen

Der **Zähler** wird durch die **Grundzahl**, der **Nenner** durch die **Ordnungszahl** dargestellt.

Ist der **Zähler 1**, so steht der **Nenner im Nominativ Singular Femininum** (da auf часть *f* bezogen):

одна́ пя́тая ein Fünftel

Ist der **Zähler 2 und höher**, so steht der **Nenner**

a) im **Genitiv Singular**, wenn der Nenner **3** oder **4** ist (треть, че́тверть sind Substantive),

b) im **Genitiv Plural**, wenn der Nenner **5 und größer** ist.

Bei gemischten Brüchen wird die ganze Zahl durch и (und) mit dem Bruch verbunden (außer bei $^1/_2$).

$^1/_2$	одна́ втора́я	$^2/_5$	две пя́тых
$^1/_3$	одна́ треть	$^3/_5$	три пя́тых
$^2/_3$	две тре́ти	$1^1/_2$	оди́н с полови́ной *od.* полтора́ (*m/n*), полторы́ (*f*)
$^1/_4$	одна́ че́тверть		
$^2/_4$	две че́тверти	$2^1/_2$	два (две) с полови́ной
$^3/_4$	три че́тверти	$3^1/_4$	три и одна́ че́тверть
$^1/_5$	одна́ пя́тая	$3^5/_6$	три и пять шесты́х

Anm.: полтора́ (anderthalb) hat eine oblique Form полу́тора.

173. Dezimalzahlen

Die Dezimalzahlen werden wie Brüche behandelt. Die ganzen Zahlen werden durch це́лая (*für* 1) und durch це́лых (*ab* 2) mit der Dezimalzahl verbunden:

0,1	(ноль це́лых) одна́ деся́тая	1,1	одна́ це́лая одна́ деся́тая
0,2	(ноль це́лых) две деся́тых	1,2	одна́ це́лая две деся́тых
0,01	(ноль це́лых) одна́ со́тая	2,1	две це́лых одна́ деся́тая
0,02	(ноль це́лых) две со́тых	2,2	две це́лых две деся́тых
0,001	(ноль це́лых) одна́ ты́сячная	5,01	пять це́лых одна́ со́тая
0,002	(ноль це́лых) две ты́сячных	5,02	пять це́лых две со́тых

174. Nach gebrochenen Zahlen steht das **Substantiv** im **Genitiv Singular**:

5,25 см = пять це́лых два́дцать пять со́тых сантиме́тра

IV. PRONOMEN

175. Personalpronomen

	ich	du	wir	ihr
Nominativ	я	ты	мы	вы
Genitiv	меня́	тебя́	нас	вас
Dativ	мне	тебе́	нам	вам
Akkusativ	меня́	тебя́	нас	вас
Instrumental	мной	тобо́й	на́ми	ва́ми
Präpositiv	(обо) мне	(о) тебе́	(о) нас	(о) вас

	er	es	sie (*f*)	sie (*pl.*)
Nominativ	он	оно́	она́	они́
Genitiv	его́		её	их
Dativ	ему́		ей	им
Akkusativ	его́		её	их
Instrumental	им		ей	и́ми
Präpositiv	(о) нём		(о) ней	(о) них

176. Nach Präpositionen wird den obliquen Formen der 3. Person Singular und Plural ein **н-** vorgeschaltet:

к нему́ (zu ihm), с ней (mit ihr), перед ни́ми (vor ihnen)

Dies geschieht jedoch **nicht nach** вне (außerhalb), благодаря́ (dank), вопреки́ (entgegen, *figürlich*), навстре́чу (entgegen), согла́сно (gemäß).

177. Reflexivpronomen

Das Reflexivpronomen **себя́** „sich“ (*G/A.*; себе́ *D/P.*; собо́й *I.*) tritt für alle Personen im Singular und Plural ein, wenn es sich auf das Subjekt desselben Satzes bezieht:

я купи́л себе́ кни́гу	ich kaufte mir ein Buch
мы купи́ли себе́ кни́гу	wir kauften uns ein Buch

178. Demonstrativpronomen

э́тот dieser	*m*	*n*	*f*	*pl.*
Nominativ	э́тот	э́то	э́та	э́ти
Genitiv	э́того		э́той	э́тих
Dativ	э́тому		э́той	э́тим
Akkusativ	э́тот (э́того)	э́то	э́ту	э́ти(х)
Instrumental	э́тим		э́той	э́тими
Präpositiv	(об) э́том		(об) э́той	(об) э́тих

тот jener	*m*	*n*	*f*	*pl.*
Nominativ	тот	то	та	те
Genitiv	того́		той	тех
Dativ	тому́		той	тем
Akkusativ	тот (того́)	то	ту	те(х)
Instrumental	тем		той	те́ми
Präpositiv	(о) том		(о) той	(о) тех

Das Demonstrativpronomen **тако́й** (solcher) wird wie ein Adjektiv dekliniert.

179. Possessivpronomen

мой mein	*m*	*n*	*f*	*pl.*
Nominativ	мой	моё	моя́	мои́
Genitiv	моего́		мое́й	мои́х
Dativ	моему́		мое́й	мои́м
Akkusativ	мой (моего́)	моё	мою́	мои́(х)
Instrumental	мои́м		мое́й	мои́ми
Präpositiv	(о) моём		(о) мое́й	(о) мои́х

Ebenso: твой (dein), свой (sein).

наш unser	*m*	*n*	*f*	*pl.*
Nominativ	наш	на́ше	на́ша	на́ши
Genitiv	на́шего		на́шей	на́ших
Dativ	на́шему		на́шей	на́шим
Akkusativ	наш (на́шего)	на́ше	на́шу	на́ши(х)
Instrumental	на́шим		на́шей	на́шими
Präpositiv	(о) на́шем		(о) на́шей	(о) на́ших

Ebenso: ваш (euer, Ihr).

180. Das reflexiv-possessive Pronomen **свой** kann **auch für die 1. und 2. Person Singular und Plural** eintreten, wenn es auf das Subjekt bezogen ist (vgl. 177.).

181. Dem deutschen **sein, ihr, ihre** entsprechen
a) **свой,** wenn das Possessivpronomen auf das Subjekt desselben Satzes als „Besitzer" rückverweist;
b) **его́, её, их,** wenn sich das besitzanzeigende Fürwort auf einen anderen als den im Subjekt desselben Satzes genannten „Besitzer" bezieht.
свой ist **veränderlich** und kongruiert mit seinem Bezugswort, d. h. dem als Objekt genannten „Besitztum".

его́, её, их sind **unveränderlich** und werden nach dem Geschlecht bzw. der Zahl des Besitzers gesetzt.

его́	steht für ein **Maskulinum** *od.* **Neutrum,**
её	steht für ein **Femininum,**
их	steht für **mehrere Besitzer.**

он нашёл **свою́** кни́гу	er hat **sein** (= **eigenes**) Buch gefunden
он нашёл **его́** кни́гу	er hat **sein** Buch gefunden (= **dessen** Buch, d.h. **eines anderen)**
он нашёл **её** кни́гу	er hat **ihr** Buch gefunden (= **deren** Buch, d.h. **einer anderen weiblichen Person)**
он нашёл **их** кни́гу	er hat **ihr** Buch gefunden (d.h. das **mehreren anderen Personen** gehörende Buch)

182. Interrogativpronomen

	wer?	was?
Nominativ	кто	что
Genitiv	кого́	чего́
Dativ	кому́	чему́
Akkusativ	кого́	что
Instrumental	кем	чем
Präpositiv	(о) ком	(о) чём

183. Die Interrogativpronomina **како́й** (was für ein?), **кото́рый** (welcher?, der wievielte?) werden wie Adjektive dekliniert und gebraucht.

184. Das Interrogativpronomen **чей** (wessen?, wem gehörig?) wird wie folgt dekliniert:

	m	*n*	*f*	*pl.*
Nominativ	чей	чьё	чья	чьи
Genitiv	чьего́		чьей	чьих
Dativ	чьему́		чьей	чьим
Akkusativ	чей	чьё	чью	чьи
Instrumental	чьим		чьей	чьи́ми
Präpositiv	(о) чьём		(о) чьей	(о) чьих

чей э́то каранда́ш?	wessen Bleistift ist das?
чьё э́то перо́?	wessen Feder ist das?
чья э́то кни́га?	wessen Buch ist das?
чьи э́то кни́ги?	wessen Bücher sind das?
чьим карандашо́м ты пи́шешь?	mit wessen Bleistift schreibst du?
чью кни́гу ты чита́ешь?	wessen Buch liest du?

185. Das Interrogativpronomen **ско́лько** (wieviel[e]) wird mit dem abhängigen Substantiv im Genitiv gebraucht, und zwar stehen Stoffnamen u. a. nicht zählbare

Gegenstände im G/sg., zählbare dagegen im G/pl., ebenso natürlich auch die Pluraliatantum:

ско́лько воды́?	wieviel Wasser?
ско́лько карандаше́й?	wieviel(e) Bleistifte?
ско́лько де́нег?	wieviel Geld?

Relativpronomen

186. Das Relativpronomen **кото́рый** wird **wie ein Adjektiv dekliniert** und leitet einen Relativsatz ein, wobei es sich im Genus und Numerus nach dem Bezugswort im übergeordneten Satz richtet:

я уви́дел бра́та,	ich erblickte meinen Bruder,
кото́рый стоя́л на улице	der auf der Straße stand

187. Bezieht sich **кото́рый** jedoch auf **ein Substantiv des Relativsatzes,** so steht es im Genitiv nach diesem Substantiv, das in diesem Fall den Relativsatz einleitet, kongruiert jedoch im Genus und Numerus mit dem von ihm „vertretenen" Bezugswort des übergeordneten Teilsatzes:

на столе́ стоя́ли цветы́, за́пах	auf dem Tisch standen Blumen, deren
кото́рых наполня́л ко́мнату	Duft das Zimmer erfüllte.

Übrige Pronomina

188. Das **Definitpronomen сам** *m* [сама́ *f*, са́ми *pl.*] (selbst, selber) wird wie ein Adjektiv **endungsbetont dekliniert.** Bei der weiblichen Form lautet der Akkusativ самоё oder саму́. Dieses Pronomen bezieht sich nur auf **Lebewesen**:

она́ сде́лала э́то сама́	sie hat dies selber gemacht
спроси́те у них сами́х	fragen Sie bei ihnen selbst

189. Das **Definitpronomen са́мый** (selbst) wird wie ein Adjektiv dekliniert. Es wird verstärkend, hervorhebend (auch zur Bildung des Superlativs, *s.* 149) gebraucht. Es drückt sowohl eine intensivere Identifizierung als auch unmittelbare räumliche Nähe, äußerste zeitliche Erstreckung usw. aus:

тот (же) са́мый	(eben) der gleiche, der nämliche
у са́мого бе́рега	direkt am Ufer
дождь шёл с са́мого утра́	es regnete schon seit dem Morgen

190. Das **Definitpronomen весь** (ganz, all[e]).

	m	*n*	*f*	*pl.*
Nominativ	весь	всё	вся	все
Genitiv	всего́		всей	всех
Dativ	всему́		всей	всем
Akkusativ	весь (всего́)	всё	всю	все(х)
Instrumental	всем		всей	все́ми
Präpositiv	(обо) всём		(обо) всей	(обо) всех

191. Die **Distributivpronomina ка́ждый** (jeder) und **вся́кий** (jeder, jeglicher) werden wie Adjektive flektiert.

191a. Indefinitpronomina: кто́-то (jemand), **что́-то** (etwas), **че́й-то** (jemandes), **како́й-то** (irgendein); **кто́-либо, кто́-нибудь** (irgend jemand beliebiger), **что́-либо, -что́-нибудь** (irgend etwas beliebiges), **че́й-либо, че́й-нибудь** (irgend jemand beliebigem gehörig), **како́й-либо, како́й-нибудь** (irgendein beliebiger); **ко́е-како́й** (gewisser), **ко́е-каки́е** (einige [wenige]), **ко́е-кто́** (mancher), **ко́е-что́** (dies und jenes, einiges): **Präpositionen** treten hier zwischen beide Glieder, wobei die drei Teile getrennt geschrieben werden: **ко́е о чём** (über einiges); **не́кто** (ein gewisser) wird nur im Nominativ vor Personennamen gebraucht; **не́что** (etwas) wird nur in Verbindung mit einem Substantiv oder Adjektiv gebraucht; **не́кий** (ein gewisser) und **не́который** (ein gewisser; *pl.* einige) werden wie Adjektive flektiert und gebraucht;
не́сколько (etliche, einige [wenige]): wird wie ein Adjektiv im Plural flektiert (не́скольких, не́скольким *usw.*); nach seinem Nominativ (bzw. Akkusativ = Nominativ) steht das abhängige Substantiv im Genitiv Plural; in den übrigen Fällen liegt Kongruenz vor.

192. Negativpronomina
Diese mit den **Negationspartikeln ни- oder не́- zusammengesetzten Pronomina** werden wie die zugrunde liegenden Pronomina dekliniert; **Präpositionen** treten **zwischen ни- (не́-) und das Pronomen** (*Getrenntschreibung*). Im Satz verlangen sie die Negationspartikel не vor dem Verb (doppelte Verneinung):

никто́ (niemand), ничто́ (nichts), никако́й (keiner), ниче́й (niemandem gehörig, niemandes), не́кого (es ist niemand da, den...), не́чего (es ist nichts da, das *od.* was...).

он ни с ке́м не прости́лся	er verabschiedete sich von niemandem
я не бою́сь ничьи́х угро́з	ich fürchte niemandes Drohungen
не́кого посла́ть за кни́гами	es ist niemand da, den man nach Büchern schicken könnte
мне не́ с кем говори́ть	es ist niemand, mit dem ich sprechen könnte
тут не́чего де́лать	hier gibt es nichts zu tun

V. ADVERB

193. Es gibt **ursprüngliche** und **abgeleitete Adverbien.** Ursprüngliche sind *z. B.:* там (dort), здесь (hier), о́чень (sehr), почти́ (fast) *u. a.*

194. Abgeleitete Adverbien werden hauptsächlich gebildet von
a) **Qualitätsadjektiven** durch Anfügung der Endung **-о (-е)** an den Stamm: хоро́ший – хорошо́ (gut), кра́йний – кра́йне (äußerst);
b) **Beziehungsadjektiven** und einigen **Qualitätsadjektiven** durch Vorschalten des Präfixes по- vor den Dativ des Adjektivs: по-дома́шнему (häuslich), по-хоро́шему (im guten);

c) **Beziehungsadjektiven auf -ский** durch Anfügung der Endung **-и** an den Stamm, wobei vielfach das Präfix по- vorgeschaltet wird: крити́чески (kritisch), по-бра́тски (brüderlich), по-ру́сски (russisch).

195. Steigerung
Die von Qualitätsadjektiven mittels -о (-е) abgeleiteten Adverbien bilden wie die entsprechenden Adjektive den einfachen Komparativ auf -ее, -е (s. 137.–140.) und den zusammengesetzten Superlativ auf -ее, -е + всех, всего́ (s. 150.).

196. Stellung des Adverbs
Die **Adverbien der Art und Weise** auf -о (-е) stehen gewöhnlich **vor dem Prädikat; alle anderen** gewöhnlich **nach dem Prädikat** (*s.* 291.):

брат хорошо́ пи́шет по-ру́сски mein Bruder schreibt gut russisch

197. Negative Adverbien
Die mit **ни-** zusammengesetzten **negativen Adverbien** verlangen die Negationspartikel не vor dem Verb (doppelte Verneinung):

он ниско́лько не уста́л er ist überhaupt nicht müde geworden

198. Die mit **не́-** zusammengesetzten Adverbien kommen nur in unpersönlichen Sätzen vor; das Verb folgt im Infinitiv, das sog. logische Subjekt steht im Dativ: не́где (es ist kein Platz da, wo...), не́куда (es ist kein Platz da, wohin...), не́когда (es ist keine Zeit, um zu...), не́зачем (es ist zwecklos...).
Beispiele:

мне не́когда	ich habe keine Zeit
мне не́куда положи́ть кни́гу	ich kann das Buch nirgends hinlegen.

VI. PRÄPOSITION

199. Es gibt Präpositionen, die nur einen Kasus, solche, die zwei Kasus und schließlich solche, die drei Kasus regieren.

Präpositionen mit einem Kasus

200. Genitiv
без (ohne), близ (nahe), вдоль (längs), вме́сто (anstatt), вне (außerhalb), внутри́ (innerhalb), во́зле (neben), вокру́г (um ... herum), для (für), до (bis), из (aus), из-за (hinter ... hervor, wegen), из-под (unter ... hervor), кро́ме (außer), ми́мо (an ... vorbei), о́коло (um), от (von), пове́рх (über), по́дле (neben), позади́ (hinter), поми́мо (außer), по́сле (nach), посреди́ (inmitten), про́тив (gegen), ра́ди (um ... willen), сверх (über), среди́ (inmitten), у (bei).

201. Dativ
благодаря́ (dank), вопреки́ (entgegen), вслед (hinter ... her), к (zu), напереко́р (zum Trotz), согла́сно (laut, gemäß).

202. Akkusativ
про (über, von), сквозь ([hin]durch), спустя́ (nach Verlauf), че́рез (durch, über, nach).

203. Instrumental
над (über), ме́жду (zwischen), пе́ред (vor).

204. Präpositiv
при (bei).

Präpositionen mit zwei Kasus

205. Akkusativ (wohin?), **Instrumental** (wo?)
за (hinter; *nur mit A.:* für, an, in; *nur mit I.:* nach, wegen), под (unter; *nur mit A:* gegen, an, vor; *nur mit I:* gegen; bei).

206. Akkusativ (wohin?), **Präpositiv** (wo?)
в (in; *nur mit A:* nach, am, um; на (auf; *nur mit A:* nach, für, zu), о (*A.:* an; gegen; *P.:* über, von).

207. Präpositionen mit drei Kasus

по	*D:*	auf; in; durch; an; nach; wegen;	с	*G:*	von ... herab; seit
	A:	bis an; bis über;		*A:*	etwa; (eben)so ... wie;
	P:	nach (*zeitlich*);		*I:*	mit

VII. KONJUNKTION

208.
и (und), а (und; aber: *Gegensatz, Gegenüberstellung*), но (aber: *Gegenteil des Erwarteten*), потому́ что (da, weil: *folgt auf den Haupsatz*), та́к как (da, weil: *kann dem Hauptsatz vorangehen*), е́сли (wenn), когда́ (wenn, als), где (wo), хотя́ (obwohl), что (daß), что́бы (daß, damit: *steht u.a. für dt. „daß" nach den Verben des Wünschens, Wollens, Befehlens, Zweifelns; das Prädikat des Nebensatzes steht im Präteritum, vgl.* 296.), пре́жде чем (bevor), как то́лько (sobald), бу́дто *od.* бу́дто бы (als ob) *u.a.*

VIII. PARTIKEL

209.
ли (ob; *als Fragepartikel wird sie nicht übersetzt*; *s.* 273.; 275.), ра́зве, неуже́ли (etwa, vielleicht), ведь, же (doch), ни (auch nicht), не (nicht: *dient zur Verneinung und tritt unmittelbar vor das zu verneinende Wort*), бы (*dient nur zur Bildung des Konjunktivs*; s. 232.). *Die Partikel* **пусть** *entspricht dem dt.* „mögen, sollen“ *als Aufforderung an die* 3. *Person*:

пусть де́ти игра́ют!	sollen (mögen) die Kinder spielen!
пусть он придёт ве́чером	er soll (möge) am Abend kommen

Die Partikel **дава́й** *wird hauptsächlich in der Umgangssprache gebraucht und drückt eine Aufforderung an die* 2. *Person*, einschließlich des Sprechers *selbst*, *aus* (*dt.* los, also, nun):

дава́й ся́дем! los, setzen wir uns!

IX. VERB

210. Betonung
Die im Infinitiv wurzelbetonten mehrsilbigen Verben behalten diese Betonung in allen Formen und Tempora; die im Infinitiv auf der Endsilbe betonten wie auch die einsilbigen Verben können beweglichen Akzent haben.
Die Verben, die ihren perfektiven Aspekt durch das Vorschalten des Präfixes вы- bilden, haben festen Akzent auf diesem Präfix.

211. Konsonantenwechsel
Verben mit den Konsonanten г, д, з, к, т, с, х im Stammauslaut des Infinitivs wandeln diese Konsonanten im Präsensstamm und den davon abgeleiteten Formen in die jeweils entsprechenden Zischlaute, und zwar werden dabei

г, д, з zu ж		
к, т zu ч		(*s. Verbklassen* 234.–272.)
с, х zu ш		
ск, ст zu щ		

212. Infinitiv
Der **Infinitiv** kann auf **-ть**, **-ти** *od.* **-чь** enden, wobei diesen Infinitivendungen ein Vokal oder ein Konsonant vorangeht (*Näheres s. Verbklassen* 234.–272.).

213. Konjugationsklassen
Nach der Konjugation des Präsens unterscheidet man zwei Konjugationsklassen:

a) Die sog. **erste** oder **e-Konjugation,** bei der in den Präsensendungen **-ю (-у), -ешь, -ет, -ем, -ете, -ют (-ут)** der Vokal **-е-** dominiert;

b) die sog. **zweite** oder **i-Konjugation,** bei der in den Präsensendungen **-ю (-у), -ишь, -ит, -им, -ите, -ят (-ат)** der Vokal **-и-** vorherrscht.

(*Anm.: Über die Verteilung der Verben auf diese beiden Konjugationen s. Verbklassen* 234.–272.).

214. Zeiten (Tempora)
Das russische Verb hat nur drei Tempora: **Präsens, Präteritum, Futur.**

215. Aspekte
Fast jedes russische Verb hat zwei Aspektformen, den **imperfektiven** und **perfektiven Aspekt.** Die Aspektkategorie zeigt das **Verhältnis des Sprechers zur Handlung** an, die er entweder in ihrer Ganzheit, einschließlich ihres Abschlusses, oder aber lediglich als Vorgang, Prozeß sieht. Im letzteren Fall gebraucht er den imperfektiven, im ersteren den perfektiven Aspekt. Anders ausgedrückt: der Sprecher kann die Handlung auf einen bestimmten Zeitpunkt beziehen, zu dem sie geschieht **(perfektiv),** oder die Handlung wird als auf der Zeit**linie** ablaufend angesehen **(imperfektiv).**

216. Imperfektiver Aspekt
Die imperfektiven Verbformen drücken eine Handlung ohne Begrenzung in der Zeit, **ohne Angabe des Resultats** aus und verleihen so der Handlung den Sinn der **Dauer, Wiederholung, Gewohnheit**; sie zeigen den **Verlauf,** die **Entwicklung** eines Geschehens an und antworten auf die Frage *„was ist?, was war (schon im Gange)?"* oder *„womit ist (war, wird) man beschäftigt (sein)?"*

Der **imperfektive Aspekt beschreibt** demnach **Zustände, Vorgänge** *usw.*
Die imperfektiven Verben dienen zum Ausdruck von drei Tempora: Präsens, Präteritum und Futur.

217. Perfektiver Aspekt
Die perfektiven Verbformen begrenzen eine Handlung in der Zeit, stellen das Handlungsgeschehen als geschlossen, ganzheitlich, in einem Zeitpunkt zusammengefaßt dar, geben das Resultat einer Handlung an; sie antworten auf die Frage *„was geschah nun?, was wird nun geschehen?"*, oder: *„was war bereits geschehen, bevor etwas anderes geschah?* bzw. *was wird geschehen sein, bevor etwas anderes geschieht?* Durch das perfektive Verb wird also die **Aufeinanderfolge** von Handlungen, das **Eintreten** einer Handlung, die **Vollendung,** das **Resultat** sowie die **Einmaligkeit** ausgedrückt. Eine Anzahl Verben haben eine besondere Form der Einmaligkeit auf -нуть.
Da Vollendung und Resultat nicht in der eigentlichen Gegenwart eintreten können, vermögen die **perfektiven Verben** keine **Gegenwartshandlung** auszudrücken, sondern nur eine solche in der Vergangenheit oder Zukunft. Zwar besitzen die perfektiven Verben auch Formen des Präsensparadigmas, doch haben diese **Präsensformen des perfektiven Aspektes Futurbedeutung.**
Der **perfektive Aspekt erzählt Geschehnisse** in ihrer Aufeinanderfolge.

Beispiele zu 215.–217.:
Resultat, Abschluß:

к ве́черу бу́ря совсе́м **ути́хла** (*pf.*)	gegen Abend **war** der Sturm ganz **abgeflaut**

Verlauf, Entwicklung:

бу́ря постепе́нно **утиха́ла** (*impf.*)	der Sturm **flaute** allmählich **ab**

Die Handlung ist abgeschlossen, das Resultat liegt vor:

я вчера́ к трём часа́м **реши́л** (*pf.*) все зада́чи	ich **habe** gestern bis 3 Uhr alle Aufgaben **gelöst gehabt**

Die Beschäftigung mit etwas wird beschrieben; es liegt kein Resultat vor:

я до́лго **реша́л** (*impf.*) зада́чу, но так и не спра́вился (*pf.*) с ней	ich **arbeitete** lange **an der Lösung** der Aufgabe, habe sie aber schließlich doch nicht geschafft

218. Bildung der Aspekte

Die drei Grundmöglichkeiten, aus der Form des imperfektiven Aspekts die des perfektiven zu bilden, sind:

a) Vorschalten eines Präfixes, von denen es etwa 20 gibt:
смотре́ть – посмотре́ть (schauen)

b) Ersetzen des Suffixvokals **-á-**, der in solchen Fällen stets betont ist, durch den Suffixvokal **-и-**:
поступа́ть – поступ**и́ть** (handeln, verfahren)

c) Gebrauch eines anderen Stammes: класть – положи́ть ([hin-]legen). Außerdem werden auch umgekehrt von perfektiven Verben imperfektive gebildet, wobei es hier sehr vielseitige Möglichkeiten gibt.

219. e-Konjugation

Infinitiv: чита́ть (lesen)

Präsens:			
	я чита́**ю**	ich lese *usw.*	мы чита́**ем**
	ты чита́**ешь**		вы чита́**ете**
	он / она́ / оно } чита́**ет**		они́ чита́**ют**

220. Präteritum

Das **Präteritum** hat **keine Personalendungen,** sondern **im Singular** drei **Genusendungen, im Plural nur eine gemeinsame Endung**:

я чита́л *m*	ich las (habe gelesen) *usw.*	
я чита́**ла** *f*		
ты чита́л *m*		мы
ты чита́**ла** *f*		вы } чита́**ли** *pl.*
он чита́л *m*		они́
она́ чита́**ла** *f*		
оно́ чита́**ло** *n*		

221. Futur

Zur Bildung des Futurs eines imperfektiven Verbs setzt man **vor seinen Infinitiv** die futurischen Personalformen des Hilfsverbs **быть** (sein):

я **бу́ду** / ты **бу́дешь** / он, она́, оно́ **бу́дет**	чита́ть	ich werde lesen *usw.*	
мы **бу́дем** / вы **бу́дете** / они́ **бу́дут**	чита́ть		

222. Imperativ

Der **Imperativ** wird **von der 3. Person Plural Präsens** abgeleitet; man setzt an die Stelle der Personalendungen -ут, -ют, -ат, -ят die Imperativendungen:

a) **-й, -йте,** wenn der Stamm auf **Vokal** ausgeht:
чита́ть – чита́ют – чита́й(те)! (lies!, lest!, lesen Sie!)

b) **-и́, -и́те,** wenn der Stamm auf einen oder mehrere **Konsonanten** ausgeht und der **Infinitiv endungsbetont** ist:
идти́ – иду́т – иди́(те)! (geh!, geht!, gehen Sie!)

c) **-ь, -ьте,** wenn der Stamm auf **Konsonant** ausgeht und der **Infinitiv stammbetont** ist:
ве́рить – ве́рят – ве́рь(те)! (glaube!, glaubt!, glauben Sie!)

d) **-и, -ите,** wenn der Stamm auf **mehrere Konsonanten** ausgeht und der **Infinitiv stammbetont** ist:
по́мнить – по́мнят – по́мни(те)! (denke daran!, denkt daran!, denken Sie daran!)

223. Partizipien

Sämtliche Partizipien haben adjektivische Endungen und werden wie Adjektive dekliniert.

224. Das **Partizip Präsens Aktiv** wird **von der 3. Person Plural Präsens** abgeleitet; man setzt an die Stelle des -т von -ют, -ут, -ят, -ат **-щий, -щая, -щее, -щие**:
чита́ющий (der Lesende, einer, der liest)

225. Das **Partizip Präteritum Aktiv** wird **vom Präteritum** abgeleitet;

a) endet die **männliche Form** des Präteritums **auf -л,** so setzt man an die Stelle dieses -л **-вший, -вшая, -вшее, -вшие**:
чита́л (er) las чита́вший (einer, der las)

b) hat die **männliche Form** des Präteritums **kein -л,** so fügt man an den Stamm **-ший, -шая, -шее, -шие**:
нёс (er) trug нёсший (einer, der trug)
(*Abweichungen s. bei den Verbklassen*)

226. Das **Partizip Präsens Passiv** wird von der **3. Person Präsens Plural** abgeleitet; man setzt bei der e-Konjugation an die Stelle der Personalendungen -ют (-ут) **-емый, -емая, -емое, -емые,** bei der i-Konjugation an die Stelle von -ят (-ат) **-имый, -имая, -имое, -имые**:
чита́емый (der gelesen wird), проводи́мый (der durchgeführt wird)
Die Verben нести́ (tragen), вести́ (führen), влечь (ziehen, schleppen), иска́ть (suchen) haben die Formen несо́мый, ведо́мый, влеко́мый, иско́мый.

227. Das **Partizip Präteritum Passiv** wird abgeleitet, indem an den Infinitiv- bzw. Präteritalstamm die Suffixe + Endungen **-анный** oder **-енный** (*betont:* **-ённый**) oder **-тый** angefügt werden, und zwar:

a) **-анный, -анная, -анное, -анные** an den betreffenden **Stamm** der Verben auf **-ать, -евать, -овать**:

читáть … чи́танный gelesen рисовáть … рисóванный gezeichnet
малевáть … малёванный gemalt

b) **-янный, -янная, -янное, -янные** an den **Stamm der** Verben auf **-ять**:
терять … тéрянный verloren

c) **-енный, -енная, -енное, -енные** (*od.* **-ённый** *usw.*):

1. an den **Präteritalstamm** der Verben auf **-еть, -ить, -зти, -чь** sowie bei нести́ (tragen), пасти́ (weiden), трясти́ (schütteln), wobei teilweise Konsonantenwechsel eintritt:

сидéть	…си́женный	…gesessen
дели́ть	…делённый	…geteilt
везти́	…везённый	…gefahren
берéчь (берёг)	…бережённый	…gehütet
влечь (влёк)	…влечённый	…gezogen
нести́	…несённый	…getragen

2. an den **Präsensstamm** der meisten Verben auf **-сти́**:

вести́ (ведýт)	…ведённый	…geführt
мести́ (метýт)	…метённый	…gefegt
грести́ (гребýт)	…гребённый	…gerudert, …geharkt

d) **-тый, -тая, -тое, -тые** an den **Präteritalstamm** der Verben auf **-ереть, -оть, -уть, -нуть, -ыть** und folgende **Einzelverben**: жать (mähen, ernten; drücken), начáть (anfangen), греть (wärmen), деть (hintun), петь (singen), бить (schlagen), вить (winden), лить (gießen), шить (nähen), брить (rasieren), клясть (verwünschen), взять (nehmen), мять (knüllen), подня́ть (heben), поня́ть (verstehen), приня́ть (annehmen), снять (abnehmen):

терéть	…тёртый	…gerieben
колóть	…кóлотый	…gehackt, …gestochen
дуть	…дýтый	…geblasen
тянýть	…тя́нутый	…gezogen
мыть	…мы́тый	…gewaschen

Anm.: Die drei Pünktchen (…) *bedeuten, daß diese Form gewöhnlich nur von den perfektiven Komposita, meist mit Nebenbedeutungen, gebildet wird und auch das entsprechende deutsche Partizip eine Bedeutungsnuance durch eine jeweils geeignete Vorsilbe erhält.*

Anm.: Die beiden Partizipien des Passivs können in der Regel nur von transitiven Verben gebildet werden.

Anm.: Beide Partizipien des Passivs können Kurzformen bilden:

кни́га читáема мнóю	das Buch wird von mir gelesen
кни́га прочи́тана брáтом	das Buch ist vom Bruder gelesen worden

Anm.: Die beiden Partizipien des Aktivs haben auch Reflexivformen, die von Reflexivverben abgeleitet werden (vgl. 231.):

бóрющийся, бóрющаяся, бóрющееся, бóрющиеся	einer (eine *usw.*), der (die *usw.*) kämpft
борóвшийся, борóвшаяся, борóвшееся, борóвшиеся	einer (eine *usw.*), der (die *usw.*) kämpfte

228. Adverbialpartizipien

Die Adverbialpartizipien (Gerundien) werden genauso abgeleitet wie die Partizipien des Aktivs. Die Endung des Gerundiums lautet für das **Präsens -я** und für das **Präteritum -в** oder **-вши,** wenn die männliche Präteritalform des Verbs das -л aufweist, dagegen **-ши,** wenn das -л im maskulinen Präteritum fehlt. Die Adverbialpartizipien sind **unveränderlich**:

читáют	(sie) lesen –
читáя	(lesend, indem *od.* während man liest);
прочитáл	(er) las durch –
прочитáв *pf.*	(nachdem [er] durchgelesen hat);
нёс	(er) trug –
нёсши	(während er trug)

Das Adverbialpartizip Präsens wird nur vom imperfektiven Verb gebildet und drückt demnach Gleichzeitigkeit der Handlung aus, das Adverbialpartizip Präteritum gewöhnlich vom perfektiven Verb und drückt Vorzeitigkeit der damit bezeichneten Handlung aus. Beide Formen des Adverbialpartizips können auch von reflexiven Verben abgeleitet werden, wobei die Präteritalform stets das erweiterte Suffix **-вши-** hat (s. 231.).

229. Betonung der Partizipien und Adverbialpartizipien

a) das von Verben der **e-Konjugation** abgeleitete **Partizip Präsens Aktiv und Passiv** wird wie die Form der **3. Person Plural Präsens** betont;

b) das von Verben der **i-Konjugation** abgeleitete **Partizip Präsens Aktiv und Passiv** wird wie der **Infinitiv** betont;

c) das von Verben beider Konjugationsklassen abgeleitete **Partizip Präteritum Aktiv** wird wie die **männliche Form des Präteritums** betont.

d) das von Verben beider Konjugationsklassen abgeleitete **Partizip Präteritum Passiv** wird wie folgt betont;

die -нн-Ableitungen von Verben auf betontes -áть ziehen den Akzent in der Regel um eine Silbe zurück:

сказáть	– скáзанный	(gesagt),
написáть	– напи́санный	(geschrieben),
продáть	– прóданный	(verkauft);

die -нн-Ableitungen von Verben auf betontes -éть und -и́ть betonen im Partizip wie in der 2. usw. Person Präsens:

предусмотрéть – предусмотрю́, предусмóтришь usw. – предусмóтренный (vorgesehen),

примири́ть – примирю́, примири́шь usw. – примирённый (versöhnt);

e) das von Verben beider Konjugationsklassen abgeleitete **Adverbialpartizip Präsens** wird wie der **Infinitiv** betont;

f) das von Verben beider Konjugationsklassen abgeleitete **Adverbialpartizip Präteritum** wird wie das **Präteritum** betont.

230. i-Konjugation
Infinitiv: мири́ть (versöhnen)

Präsens

я мир**ю́**
ты мир**и́шь**
он / она́ / оно́ мир**и́т**
мы мир**и́м**
вы мир**и́те**
они́ мир**я́т**

Präteritum

он мири́**л**
она́ мири́**ла**
оно́ мири́**ло**
они́ мири́**ли**

Partizipien

мир**я́щий**
мири́**вший**
мири́**мый**
помир**ённый**

Adverbialpartizipien

мир**я́**
помири́**в** *pf.*

231. Reflexive Verben
Zur Bildung der reflexiven Verben wird an die Personalendungen die Reflexivpartikel **-ся** (nach Vokal verkürzt: **-сь**) angefügt:

Infinitiv: занима́ться (sich beschäftigen, lernen)

Präsens

я занима́ю**сь**
ты занима́ешь**ся**
он / она́ / оно́ занима́ет**ся**
мы занима́ем**ся**
вы занима́ете**сь**
они́ занима́ют**ся**

Imperativ

занима́й**ся**
занима́йте**сь**

Präteritum

он занима́л**ся**
она́ занима́ла**сь**
оно́ занима́ло**сь**
они́ занима́ли**сь**

Partizipien

занима́ющий**ся**
занима́вший**ся**

Adverbialpartizipien

занима́я**сь**, заня́вши**сь** *pf.*

232. Konjunktiv
Zur Bildung des Konjunktivs setzt man die Partikel **бы** zum **Präteritum** des Verbs; die Partikel kann nach oder auch vor dem Verb stehen, jedoch nie an der Spitze des Satzes. In irrealen Bedingungssätzen folgt бы stets unmittelbar auf die Konjunktion е́сли:

я хоте́л бы	ich möchte
мы бы пришли́, е́сли бы вы нас пригласи́ли	wir kämen, wenn Sie uns einladen würden (*auch:* wir wären gekommen, wenn Sie uns eingeladen hätten)

233. Passiv
Das Passiv kann auf zweierlei Art gebildet werden:

a) durch **Anfügung der Reflexivpartikel -ся (-сь)** an das Verb, und zwar überwiegend an die imperfektiven Formen und meist nur an die 3. Person, Singular oder Plural, Präsens oder **(imperf.)** Präteritum;

b) mittels der **Kurzformen des Partizips Präteritum Passiv** (bei **perfektiv** dargestellten Sachverhalten):

imperfektiv (von продава́ть)

дом продаётся	das Haus wird verkauft
дом продава́лся	das Haus wurde verkauft (= stand zum Verkauf)

perfektiv (von прода́ть)

дом про́дан	das Haus ist verkauft
дом был про́дан	das Haus ist (war) verkauft worden

Verbklassen

234. *Vorbemerkung: Zu jeder Gruppe der Verbklassen werden die Stammformen eines Musterverbs angeführt, nach denen alle anderen Formen gebildet werden. Das Präteritum wird jedoch nur dann angeführt, wenn es abweichende Form oder Betonung hat, z.B.:*

Stammform	**Ableitungen**	**Stammform**	**Ableitungen**
чита́ть	бу́ду чита́ть	(чита́л)	чита́вший
чита́ю	–		... чита́в(ши)
чита́ешь	он чита́ет		... чи́танный
	мы чита́ем		
	вы чита́ете		
	они́ чита́ют		
чита́ют	чита́й(те)!		
	чита́ющий		
	чита́емый		
	чита́я		

(*Vom Muster abweichende Formen werden bei den betreffenden Verben angeführt.*)

235. 1. Klasse: Verben auf ать

Die regelmäßigen Verben gehen nach dem Grundmuster чита́ть (219.–228.).

236. Vor den Präsensendungen und Ableitungen wird bei einigen Verben, die im Infinitiv vor dem **-ать** einen Labial **п, б, м** haben, ein **-л-** (sog. epenthetisches *l*) eingeschoben:

дрема́ть (schlummern): дремлю́, дре́млешь, дре́млют.

Ebenso:

сы́пать (schütten), трепа́ть (zupfen: трёпанный), щипа́ть (kneifen); колеба́ть (schwankend machen) hat auch in der 1. Person Singular Stammbetonung: коле́блю; ... коле́бленный.

237. Konsonantenwechsel

Nach 211. erscheint bei einer Reihe Verben im Stammauslaut des Präsens und den Ableitungen davon ein Zischlaut, und zwar:

a) **-ж-**

вяза́ть (stricken): вяжу́, вя́жешь, вя́жут; ... вя́занный.

Ebenso: глода́ть (nagen), лиза́ть (lecken), ма́зать (schmieren), ре́зать (schneiden), сказа́ть *pf.* (sagen) *u.a.*

b) **-ч-**
шепта́ть (flüstern): шепчу́, ше́пчешь, ше́пчут; ... шёптанный.
Ebenso: бормота́ть (murmeln), лепета́ть (lallen, stammeln), мета́ть (werfen), пла́кать (weinen), пря́тать (verstecken), скака́ть (springen, hüpfen), топта́ть (stampfen, zertreten), хлопота́ть (sich bemühen), хохота́ть (laut lachen) *u.a.*

c) **-ш-**
писа́ть (schreiben): пишу́, пи́шешь, пи́шут; ... пи́санный
Ebenso: маха́ть (schwenken, winken), паха́ть (pflügen), пляса́ть (tanzen), чеса́ть (kämmen) *u.a.*

Merke: живописа́ть (malen): живопису́ю, живопису́ешь, живопису́ют.

d) **-щ-**
иска́ть (suchen): ищу́, и́щешь, и́щут; ... и́сканный.

Ebenso: клевета́ть (verleumden), плеска́ть (plätschern), полоска́ть (spülen), ропта́ть (murren), свиста́ть (pfeifen), трепета́ть (beben), хлеста́ть (peitschen) *u.a.*

238. Zischlaut vor -ать.
Eine Anzahl solcher Verben gehören der **i-Konjugation** an:
дрожа́ть (zittern): дрожу́, дрожи́шь, дрожа́т.

Ebenso: визжа́ть (winseln), ворча́ть (knurren), жужжа́ть (summen), журча́ть (murmeln, rieseln), звуча́ть (klingen), крича́ть (schreien), лежа́ть (liegen), молча́ть (schweigen), стуча́ть (klopfen), треща́ть (krachen), шурша́ть (rascheln); слы́шать (hören) *u.a.*
держа́ть (halten: ...де́ржанный), дыша́ть (atmen) betonen ab 2. Person Singular den Stamm.

239. Abweichende Bildungen
врать (lügen, faseln): вру, врёшь, врут; врал, врала́, вра́ло, вра́ли; ˈ...вранный.

Ebenso: ждать (warten), жрать (fressen), рвать (reißen), ржать (wiehern), ткать (weben).

брать (nehmen): беру́, берёшь, беру́т; брал, брала́, бра́ло, бра́ли; ˈ...бранный.

Ebenso: драть ([zer]reißen, ziehen).

бежа́ть (laufen): бегу́, бежи́шь, бегу́т.
гнать (treiben, jagen): гоню́, го́нишь, го́нят; гнал, гнала́, гна́ло, гна́ли; ˈ...гнанный.
дать *pf.* (geben): дам, дашь, даст, дади́м, дади́те, даду́т; дал, дала́, да́ло, да́ли; ˈ... данный (ˈ... дан, -а́, -о, -ы).
жа́ждать (dürsten, begehren): жа́жду, жа́ждешь, жа́ждут.
е́хать (fahren *v/i.*): е́ду, е́дешь, е́дут; поезжа́й(те)!

жать[1] (drücken): жму, жмёшь, жмут; …жа́тый.
жать[2] (ernten): жну, жнёшь, жнут; ⟨с⟩жа́тый.
звать (rufen): зову́, зовёшь, зову́т; звал, звала́, зва́ло, зва́ли; …званный.
лгать (lügen): лгу, лжёшь, лгут; лгал, лгала́, лга́ло, лга́ли.
нача́ть *pf.* (anfangen): начну́, начнёшь, начну́т; на́чал, начала́, на́чало, на́чали; на́чатый (на́чат, -а́, -о, -ы).
ора́ть (brüllen): ору́, орёшь, ору́т.
слать (schicken): шлю, шлёшь, шлют; ˈ…сланный.
coса́ть (saugen): сосу́, сосёшь, сосу́т; со́санный.
стать *pf.* (werden): ста́ну, ста́нешь, ста́нут.
стлать (ausbreiten): стелю́, сте́лешь, сте́лют; ˈ…стланный.

240. 2. Klasse: Verben auf -авать
nur: **дава́ть** (geben): даю́, даёшь, даю́т; дава́й(те)!; дава́емый.
Ebenso: Die Zusammensetzungen mit …знава́ть, …става́ть, *z. B.:* признава́ть (anerkennen), встава́ть (aufstehen).

241. 3. Klasse: Verben auf -евать
малева́ть (malen, anstreichen): малю́ю, малю́ешь, малю́ют; ⟨на⟩малёванный.

Endungsbetont sind: жева́ть (kauen: жую́, жуёшь, жую́т; …жёванный), клева́ть (picken: клюю́, клюёшь, клюю́т; …клёванный), плева́ть (spucken).

242. 4. Klasse: Verben auf -овать
рисова́ть (zeichnen): рису́ю, рису́ешь, рису́ют; ⟨на⟩рисо́ванный.

Endungsbetont sind: кова́ть (schmieden: кую́, куёшь, кую́т), сова́ть ([zu-, hinein-]stecken), снова́ть (hin- und herlaufen).

243. 5. Klasse: Verben auf -еть
жале́ть (bedauern): жале́ю, жале́ешь, жале́ют; (преодоле́ть *pf.*: преодолённый überwunden, преодолён, -ена́, -ено́).
Die Ableitungen von **греть** bilden das Partizip Präteritum Passiv auf **-тый**: согре́тый (aufgewärmt).

244. Einige Verben auf **-еть,** mit **-б, -в, -м, -п, -ф** im Wurzelauslaut, gehören der **i-Konjugation** an und fügen das sog. epenthetische **л vor der Endung der 1. Person Singular Präsens** ein: храпе́ть (schnarchen): храплю́, храпи́шь, храпя́т.
Ebenso: греме́ть (donnern), кипе́ть (sieden), скрипе́ть (knirschen, knarren), сопе́ть (schnaufen), хрипе́ть (röcheln, heiser sein), шипе́ть (zischen), шуме́ть (lärmen);
терпе́ть (erdulden) betont ab 2. Person Singular Präsens den Stamm: терплю́, те́рпишь, те́рпят.

245. Konsonantenwechsel vor -еть: Eine Anzahl Verben auf **-еть,** die ebenfalls der **i-Konjugation** angehören, haben Konsonantenwechsel (s. 211.), und zwar in der **1. Person Singular Präsens** und im **Partizip Präteritum Passiv**: сиде́ть (sitzen): сижу́, сиди́шь, сидя́т; …си́женный.

Ebenso:
г/ж: ви́деть (sehen), гляде́ть (schauen), гуде́ть (tönen) *u.a.*
т/ч: лете́ть (fliegen), пыхте́ть (keuchen) *u.a.*
с/ш: висе́ть (hängen), зави́сеть (abhängen) *u.a.*
ст/щ: блесте́ть (glänzen), свисте́ть (pfeifen) *u.a.*
верте́ть (drehen) betont ab 2. Person Singular Präsens den Stamm: верчу́, ве́ртишь, ве́ртят; ...ве́рченный.

246. Schließlich gehören noch **folgende Verben** auf **-е́ть** der **i-Konjugation** an: **endungsbetont:** боле́ть (weh tun, schmerzen; *nur* 3. *Person:* боли́т, боля́т), веле́ть *auch pf.* (befehlen), горе́ть (brennen), звене́ть (klingen); кише́ть (wimmeln; *nur* 3. *Person:* киши́т)
смотре́ть ([an]schauen) ist ab 2. Person Singular Präsens stammbetont: смотрю́, смо́тришь, смо́трят.

247. Besondere Bildungen
деть *pf.* (hintun, hinlegen): де́ну, де́нешь, де́нут; де́тый.
петь (singen): пою́, поёшь, пою́т; пе́тый.
реве́ть (heulen, brüllen): реву́, ревёшь, реву́т.
хоте́ть (wollen): хочу́, хо́чешь, хо́чет, хоти́м, хоти́те, хотя́т.

248. 6. Klasse: Verben auf -ереть
тере́ть (reiben): тру, трёшь, трут; тёр, тёрла; потёрши *od.* потере́в; тёртый.
Ebenso: умере́ть *pf.* (sterben, *pt.:* у́мер, умерла́, у́мерло, у́мерли; у́мерший), запере́ть *pf.* (zusperren, *pt.:* за́пер, заперла́; за́пертый), простере́ть *pf.* (ausstrecken).

249. 7. Klasse: Verben auf -ить
Die Verben mit einem **Vokal, -л, -и, -р** im Wurzelauslaut gehen nach dem **endungsbetonten** Grundmuster мири́ть (*s.* 230.).
Stammbetont ab 2. Person Singular Präsens und (in der Regel) **im Partizip Präteritum Passiv:** вали́ть ([um]werfen): валю́, ва́лишь, ва́лят; ...ва́ленный.
Ebenso: бели́ть (weißen), вари́ть (kochen), дари́ть (schenken), дели́ть (teilen: ...делённый), дои́ть (melken), дразни́ть (necken), жени́ть *auch pf.* (verheiraten), застрели́ть (erschießen), затвори́ть *pf.* (zumachen), клони́ть (neigen: ...клонённый), лени́ться (faulenzen), мани́ть (locken), моли́ться (beten), пили́ть (sägen), пои́ть (tränken), раствори́ть *pf.* (auflösen; öffnen), соли́ть (salzen), сторони́ться (ausweichen), хвали́ть (loben), хорони́ть (beerdigen), цени́ть (schätzen; ...ценённый), чини́ть (flicken); *ferner die Zusammensetzungen mit* ...мени́ть (*z.B.* измени́ть *pf.* [ver]ändern; ...менённый) und ...рони́ть (*z.B.* урони́ть *pf.* fallen lassen).

250. Bei einer Reihe von Verben auf **-ить** mit Wurzelauslaut auf **-б, -в, -м, -п, -ф** wird in der **1. Person Singular Präsens** und im **Partizip Präteritum Passiv** das sog. epenthetische **л** vor der Personalendung bzw. dem Suffix eingefügt.
Die meisten dieser Verben sind **endungsbetont:** графи́ть (liniieren): графлю́, графи́шь, графя́т; ⟨раз⟩графлённый.
Stammbetont ab 2. Person Singular Präsens und im Partizip Präteritum Passiv: губи́ть (zugrunde richten): гублю́, гу́бишь, гу́бят; ...гу́бленный.

Ebenso: дави́ть (drücken), копи́ть (aufhäufen), корми́ть (füttern), купи́ть *pf.* (kaufen), лепи́ть (formen, modellieren), лови́ть (fangen), ломи́ть (brechen), люби́ть (lieben), руби́ть (hacken, fällen), станови́ться (werden), ступи́ть *pf.* (treten), топи́ть (heizen; ertränken; versenken), торопи́ть (drängen, antreiben), трави́ть (hetzen; vergiften), тупи́ться (*nur* 3. *Person*; stumpf werden), яви́ться *pf.* (erscheinen); *ferner die Zusammensetzungen mit* ...цепи́ть (*z.B.* зацепи́ть *pf.* einhaken; stoßen).

251. Konsonantenwechsel bei den Verben auf **-ить**: in der **1. Person Singular Präsens** und im **Partizip Präteritum Passiv** tritt der entsprechende Zischlaut auf (*s.* 211.). Die meisten Verben sind endungsbetont; einige ziehen den Akzent im Partizip Präteritum Passiv um eine Silbe zurück:
копти́ть (räuchern; rußen): копчу́, копти́шь, коптя́т; ...копчённый.
Aber: винти́ть (schrauben): винчу́, винти́шь, винтя́т; ...ви́нченный.

Einige Verben verwandeln das **-т-** des Stammauslauts **in -щ-** (statt -ч-):
ощути́ть *pf.* (wahrnehmen, empfinden): ощущу́, ощути́шь, ощутя́т; ощущённый.
Ebenso: посвяти́ть *pf.* (widmen), посети́ть *pf.* (besuchen), прекрати́ть *pf.* (aufhören, einstellen), сократи́ть *pf.* (kürzen), тяготи́ть (1. *Person ungebr.*; bedrücken); *ferner die Zusammensetzungen mit* ...врати́ть (*z.B.* предотврати́ть *pf.* abwenden, verhüten) und ...щити́ть (*z.B.* защити́ть *pf.* verteidigen).
Stammbetont ab 2. Person Singular Präsens und im Partizip Präteritum Passiv: буди́ть (wecken): бужу́, бу́дишь, бу́дят; ⟨разбу́женный⟩.
Ebenso: беси́ть (in Wut bringen; ⟨взбешённый⟩), броди́ть ([umher]wandern), води́ть (führen), вози́ть (fahren *v/t.*), гаси́ть (löschen), кати́ть (rollen), колоти́ть (schlagen), коси́ть (mähen), крути́ть (drehen), меси́ть (kneten), молоти́ть (dreschen), носи́ть (tragen), плати́ть (zahlen), проси́ть (bitten), пусти́ть *pf.* ([los]lassen), сади́ть (pflanzen), свети́ть (leuchten), серди́ть (ärgern), суди́ть (richten, urteilen; ...суждённый), труди́ться (arbeiten, sich [ab-] mühen), уди́ть (angeln), хвати́ть *pf.* (*nur unpers.* [aus]reichen), ходи́ть (gehen), черти́ть (zeichnen), шути́ть (scherzen); крести́ть (taufen: ⟨о⟩крещённый); *ferner die Zusammensetzungen mit* ...хи́тить (*z.B.* похи́тить *pf.* rauben, entführen) und ...сы́тить (*z.B.* насы́тить *pf.* satt machen, sättigen), bei denen **т** mit **щ** alterniert.

252. Die meisten Verben auf **-ить** mit einem **Zischlaut** im Stammauslaut sind endungsbetont:
глуши́ть (betäuben; *Radio* stören): глушу́, глуши́шь, глуша́т; ⟨о⟩глушённый.
Stammbetont ab 2. Person Singular Präsens: души́ть (würgen): душу́, ду́шишь, ду́шат; ⟨заду́шенный⟩.
Ebenso: кроши́ть ([zer]krümeln), лечи́ть (behandeln, kurieren), мочи́ть (anfeuchten, naß machen), получи́ть *pf.* (erhalten), поручи́ть *pf.* ([be]auftragen), служи́ть (dienen), суши́ть (trocknen), тащи́ть (schleppen), точи́ть (schärfen), туши́ть (löschen), учи́ть (lehren; lernen).

253. Folgende einsilbige Verben auf -ить gehören der **e-Konjugation** an:
бить (schlagen): бью, бьёшь, бьют; бе́й(те)!; би́тый.

Ebenso: вить (winden: вил, вилá, ви́ло, ви́ли), лить (gießen: лил, лилá, ли́ло, ли́ли), пить (trinken: пил, пилá, пи́ло, пи́ли), шить (nähen).
брить (rasieren): бре́ю, бре́ешь, бре́ют; бри́тый.
гнить (faulen): гнию́, гниёшь, гнию́т; гнил, гнилá, гни́ло, гни́ли.
жить (leben): живу́, живёшь, живу́т; жил, жилá, жи́ло, жи́ли; *ferner die Zusammensetzungen mit* ...шиби́ть, *z.B.:*
расшиби́ть *pf.* (zerschlagen): расшибу́, расшибёшь, расшибу́т; расши́б, расши́бла; расши́бленный.

254. 8. Klasse: Verben auf -оть
колóть (hacken: колю́, кóлешь, кóлют; кóлотый.
Merke: молóть (mahlen): мелю́, ме́лешь, ме́лют; мóлотый.

255. 9. Klasse: Verben auf -уть
дуть (wehen): ду́ю, ду́ешь, ду́ют; ду́тый.

256. 10. Klasse: Verben auf -нуть
Die meisten dieser Verben sind endungsbetont: согну́ть *pf.* (biegen): согну́, согнёшь, согну́т; сóгнутый.

Stammbetont ab 2. Person Singular Präsens: мину́ть *pf.* (vorübergehen; *ohne* 1. *Person:* ми́нешь), обману́ть *pf.* (betrügen), тону́ть (ertrinken) тяну́ть (ziehen), помяну́ть (gedenken).

257. Folgende meist imperfektive Verben der sog. **inchoativen Aktionsart auf -нуть bilden ihr Präteritum ohne das Suffix -ну-**: ги́бнуть (umkommen); гиб, ги́бла, ги́бло, ги́бли.
блёкнуть (fahl werden), бу́хнуть (quellen), ви́снуть (hängen), воскре́снуть (auferstehen), вя́знуть (einsinken), гáснуть (verlöschen), глóхнуть (taub werden), дóхнуть (verenden), дрóгнуть *pf.* erzittern; *impf.* = зя́бнуть (frieren), исче́знуть *pf.* (verschwinden), ки́снуть (sauer werden), ли́пнуть (kleben an), мёрзнуть (frieren), ме́ркнуть (verblassen), мóкнуть (naß werden), мя́кнуть (weich werden), ни́кнуть (welken), пáхнуть (riechen), пу́хнуть (schwellen), сле́пнуть (blind werden), сóхнуть (trocknen), ту́хнуть (verlöschen, verderben *v/i.*), чáхнуть (dahinsiechen); *ferner die Zusammensetzungen mit* ...бе́гнуть, ...ве́ргнуть, ...вы́кнуть, ...гря́знуть, мóлкнуть, ...ти́хнуть, ...тóргнуть; вя́нуть, сты́нуть bilden das Präteritum auf -л, *z.B.:* вял, стыл.

258. 11. Klasse: Verben auf -ыть
мыть (waschen): мóю, мóешь, мóют; ⟨по⟩мы́тый.
Merke: плыть (schwimmen): плыву́, плывёшь, плыву́т; плыл, плылá, плы́ло, плы́ли.
Ebenso: слыть (im Rufe stehen).

259. Die **Kopula быть** (sein) wird im **Präsens** gewöhnlich nicht gebraucht:

я не́мец	ich bin Deutscher	мы не́мцы	wir sind Deutsche

In der wissenschaftlichen Sprache, vor allem in Definitionen u.ä., wird **manchmal** die Form der 3. Person Singular **есть** (gelegentlich auch Plural: **суть**) angewendet, wenn das Prädikatsnomen ein Substantiv ist. Gewöhnlich steht heute jedoch auch in solchen Fällen dafür **это**:

Труд есть целесообра́зная де́ятельность челове́ка	Arbeit ist eine zweckmäßige Tätigkeit des Menschen
Зооло́гия – это нау́ка о живо́тных	Zoologie ist die Wissenschaft von den Tieren

Sind **Subjekt und Prädikatsnomen identisch,** so **muß есть** stehen:

де́ти есть де́ти Kinder sind Kinder
зима́ есть зима́ Winter ist Winter

Hat das substantivische Prädikatsnomen in solchen Wendungen eine nähere Bestimmung, so bleibt die Kopula unausgedrückt:

де́ти везде́ де́ти Kinder sind überall Kinder

Das **Präteritum** von **быть** lautet: был, была́, бы́ло, бы́ли; mit der Negationspartikel: не́ был, не была́, не́ было, не́ были (**ebenso**: не́ жил..., не́ дал...); **Imperativ**: бу́дь(те)!
Zum Futur s. 221.

260. 12. Klasse: Verben auf -зти (-зть)
везти́ (fahren *v/t.*): везу́, везёшь, везу́т; вёз, везла́, везло́, везли́; везо́мый; вёзши; ⟨по⟩везённый.
Merke: грызть (nagen) ist im Präteritum stammbetont; **лезть** (klettern) ist in allen Tempora stammbetont.

261. 13. Klasse: Verben auf -сти (-сть)
Beim größten Teil dieser Verben erscheint im Präsens und in den davon abgeleiteten Formen anstelle des **c** des Infinitivs ein anderer (*historisch begründeter*) Konsonant, im Präteritum meist das -л.

262. Der **Präsensstamm** geht auf **-д-** aus; **im Präteritum** steht **-л**:
вести́ (führen): веду́, ведёшь, веду́т; вёл, вела́, вело́, вели́; ве́дший; ведо́мый; ⟨по⟩ведённый.
Ebenso: блюсти́ (wahren), брести́ (langsam gehen, sich schleppen), класть (legen: *pt. stammbetont*), красть (stehlen: *pt. stammbetont*), пасть *pf.* (fallen: *pt. stammbetont*), прясть (spinnen: пряла́, пря́ло); сесть *pf.* (sich setzen): ся́ду, ся́дешь; сел, се́ла.

263. Der **Präsensstamm** geht auf **-т-** aus; **im Präteritum** steht **-л**:
мести́ (fegen): мету́, метёшь, мету́т; мёл, мела́, мело́, мели́; мётший; метённый.

Ebenso: гнести́ (bedrücken; *ohne Präteritum*), плести́ (flechten), приобрести́ *pf.* (erwerben), рассвести́ *pf.* (hell werden; *unpers.*), цвести́ (blühen).
Merke: расти́ (wachsen): расту́, растёшь, расту́т; рос, росла́, росло́, росли́; ро́сший.

264. Präsens- und Präteritalstamm auf **-б-** (Infinitivstamm auf -с-):
грести́ (rudern; harken): гребу́, гребёшь, гребу́т; грёб, гребла́, гребло́, гребли́; грёбший; ...гребённый.
Ebenso: скрести́ (schaben, kratzen).

265. Präsens und Präteritalstamm auf **-c-** (= Infinitivstamm):
нести́ (tragen): несу́, несёшь, несу́т; нёс, несла́, несло́, несли́; нёсший; несо́мый; …несённый.
Ebenso: пасти́ (weiden), трясти́ (schütteln, rütteln).

266. Merke:
есть (essen): ем, ешь, ест, еди́м, еди́те, едя́т; е́шь(те)!; ел, е́ла; е́вший; …е́денный.
клясть (verwünschen): кляну́, клянёшь, кляну́т; клял, кляла́, кля́ло, кля́ли; ⟨проклявший⟩; ⟨про́клятый⟩.
счесть *pf.* (halten für): сочту́, сочтёшь, сочту́т; счёл, сочла́, сочло́, сочли́; счётший; сочтённый.

267. 14. Klasse: идти́ (gehen)
иду́, идёшь, иду́т; шёл, шла, шло, шли; ше́дший; идя́; ⟨пройдя́⟩; ⟨про́йденный und пройдённый, -ён, -ена́⟩.

268. 15. Klasse: Verben auf -чь
Bei diesen Verben erscheint in der 1. Person Singular und in der 3. Person Plural Präsens sowie im Präteritum anstelle von **-ч-** (*historisch begründetes*) **г oder к**; *s.* 211. *zum Konsonantenwechsel.*

269. -г- tritt in den genannten Formen auf bei:
бере́чь (hüten): берегу́, бережёшь, берегу́т; берёг, берегла́, берегло́, берегли́; …бережённый.
Ebenso: пренебре́чь *pf.* (verschmähen), стере́чь (hüten, bewachen).
Merke: жечь ([ver]brennen *v/t.*): жгу, жжёшь, жгут; жёг, жгла, жгло, жгли; жжённый.
лечь *pf.* (sich hinlegen): ля́гу, ля́жешь, ля́гут; лёг, легла́, легло́, легли́.
мочь (können): могу́, мо́жешь, мо́гут; мог, могла́, могло́, могли́.
стричь (scheren, *Haare* schneiden): стригу́, стрижёшь, стригу́т; стриг, стри́гла, стри́гло, стри́гли; стри́женный.
Ferner Zusammensetzungen mit **-прячь,** *z.B.:* запря́чь *pf.* (einspannen): запрягу́, запряжёшь, запрягу́т; запря́г [*gesprochen:* zapŗɔk], запрягла́, запрягло́, запрягли́; запряжённый.

270. -к- tritt in den genannten Formen auf bei:
влечь (ziehen): влеку́, влечёшь, влеку́т; влёк, влекла́, влекло́, влекли́; …влечённый.
Ebenso: обле́чь *pf.* ([ein]kleiden), печь (backen), сечь (hacken: сек, секла́, секло́, секли́), течь (fließen).
Merke: толо́чь ([zer]stoßen): толку́, толчёшь, толку́т; толо́к, толкла́, толкло́, толкли́; толчённый.

271. 16. Klasse: Verben auf -ять
a) mit **Konsonant** im Wurzelauslaut
   теря́ть (verlieren): теря́ю, теря́ешь, теря́ют; …те́рянный.
b) mit **Vokal** im Wurzelauslaut
   та́ять (schmelzen *v/i.*, tauen): та́ю, та́ешь, та́ют; …та́янный.

Dagegen werden ваять (meißeln), зия́ть (klaffen), пая́ть (löten), сия́ть (glänzen) nach dem Grundmuster чита́ть (*s.* 234.) konjugiert: ваяю, ваяешь.
Merke: смея́ться (lachen): смею́сь, смеёшься, смею́тся.

272. Besondere Formen bei Verben auf -ять:
взять *pf.* (nehmen): возьму́, возьмёшь, возьму́т; взял, взяла́, взя́ло, взя́ли; взя́тый.
мять ([zer]knüllen): мну, мнёшь, мнут; мя́тый.
подня́ть *pf.* ([auf]heben): подниму́, подни́мешь, подни́мут; по́днял, подняла́, по́дняло, по́дняли; по́днятый.
поня́ть *pf.* (verstehen): пойму́, поймёшь, пойму́т; по́нял, поняла́, по́няло, по́няли; по́нятый.
приня́ть *pf.* (annehmen): приму́, при́мешь, при́мут; при́нял, приняла́, при́няло, при́няли; приня́вший; при́нятый.
снять *pf.* (abnehmen, knipsen): сниму́, сни́мешь, сни́мут; снял, сняла́, сня́ло, сня́ли; сня́тый.

273. „haben" (= *besitzen, vorhanden sein*)
Das deutsche „haben" wird durch die jeweiligen Formen der 3. Person von **быть** (sein) + **Präposition у** (bei) + **Genitiv** wiedergegeben.
Im **Präteritum** und **Futur** richtet sich die **Kopula** im Numerus (im *pt.* auch im Genus) nach denen des betreffenden Gegenstandes („Besitztums"), der selbst im **Nominativ** steht:

у меня́ есть каранда́ш (карандаши́)	ich habe einen Bleistift (Bleistifte)
(*vgl.* каранда́ш у меня́	der Bleistift ist bei mir)
у меня́ был каранда́ш	ich hatte einen Bleistift
у меня́ была́ кни́га	ich hatte ein Buch
у меня́ бы́ли де́ньги	ich hatte Geld
у меня́ бу́дет кни́га	ich werde ein Buch haben
у меня́ бу́дут де́ньги	ich werde Geld haben

In der **Frage** kann die **Kopula**, auch mit nachfolgender Partikel **ли,** an die Spitze des Satzes treten:

есть (ли) у тебя́ кни́га?	hast du ein Buch?
бы́ли (ли) у тебя́ кни́ги?	hattest du Bücher?

Ebenso aber auch: у тебя́ есть (бы́ли) кни́ги?

274. In der **Verneinung** lautet die Verbform im **Präsens нет** (*aus* не + есть *entstanden*), im **Präteritum** wird die **3. Person Neutrum Singular,** mit Betonung der vorangehenden Negationspartikel, und im **Futur** die **3. Person Singular** gebraucht; das **Objekt** steht in dieser Konstruktion stets im **Genitiv,** Singular oder Plural:

у меня́ нет карандаша́	ich habe keinen Bleistift
у меня́ не́ было карандаша́ (карандаше́й)	ich hatte keinen Bleistift (keine Bleistifte)
у меня́ не бу́дет карандаша́ (карандаше́й)	ich werde keinen Bleistift haben (keine Bleistifte haben)

275. Beispiele für die **verneinte Frage:**

нет (ли) у тебя́ карандаша́?	hast du keinen Bleistift?
не́ было (ли) у тебя́ карандаше́й?	hattest du keine Bleistifte?
не бу́дет (ли) у тебя́ де́нег?	wirst du kein Geld haben?

Ebenso ohne Umstellung (Inversion):
у тебя́ нет (не́ было, не бу́дет) карандаша́ *od.* карандаше́й *od.* де́нег?

276. Doppelverben

Die **Verben der Bewegung** haben im **imperfektiven Aspekt zwei Formen.** Die eine Form drückt eine **konkrete, einmalige, „aktuelle"** Bewegung in einer **bestimmten Richtung,** zu einem **Ziel** hin aus **(determinierte Form)**; die andere drückt eine **mehrmalige, gewohnheitsmäßige** oder **in mehreren Richtungen vor sich gehende Bewegung,** aber auch die betreffende **Bewegungsfähigkeit** als solche aus **(indeterminierte Form).** Nachstehend die einschlägigen Verbpaare:

determiniert – indeterminiert

бежáть	– бéгать	(laufen)	катúть	– катáть	(rollen)
брестú	– бродúть	(wandern)	лезть	– лáзить	(klettern)
везтú	– возúть	(fahren *v/t.*)	летéть	– летáть	(fliegen)
вестú	– водúть	(führen)	нестú	– носúть	(tragen)
гнать	– гонять	(treiben)	плыть	– плáвать	(schwimmen)
éхать	– éздить	(fahren *v/i.*)	ползтú	– пóлзать	(kriechen)
идтú	– ходúть	(gehen)			

Beispiele:

он идёт домóй	er geht nach Hause
он хóдит по кóмнате	er geht im Zimmer auf und ab
я кáждый день хожý в библиотéку	ich gehe jeden Tag in die Bibliothek (*und zurück*)
птúцы летáют, змéи пóлзают	die Vögel fliegen, die Schlangen kriechen
óсенью перелётные птúцы летят на юг	im Herbst fliegen die Zugvögel nach dem Süden
перелётные птúцы кáждый год летáют на юг	die Zugvögel fliegen jedes Jahr nach dem Süden (*und zurück; Gewohnheit*)

X. SYNTAX

277. Das direkte Objekt im verneinten Satz

Im **verneinten Satz** tritt **an die Stelle des direkten Objekts** (Akkusativobjekt) **stets der Genitiv,** wenn es sich um ein **Abstraktum** handelt. Bei Bezeichnungen von konkreten Gegenständen und Personen – soweit diese nicht die Form des Genitiv-Akkusativs der Belebten (*s.* 12., 13.) haben – ist auch der Akkusativ gebräuchlich, vor allem wenn dabei betont wird, daß es sich um einen **bestimmten** Gegenstand usw. handelt.

он не знал устáлости	er kannte keine Müdigkeit
я не брал кнúги (*od.* кнúгу, *bsd.* э́ту кнúгу)	ich nahm das Buch nicht
мы не получúли вáшего письмá (*od.* вáше письмó)	wir haben euren Brief nicht erhalten

Gebrauch der Partizipien

278. Die Partizipien werden wie Adjektive dekliniert und auch als Attribute verwendet, viele von ihnen sind heute bereits adjektiviert:

блестя́щая (= отли́чная) рабо́та	eine glänzende (ausgezeichnete) Arbeit

Partizipialwendungen können vor oder nach ihrem Bezugswort stehen; bei Voranstellung steht das Partizip, anders als im Deutschen, vor dem (Präpositional-) Objekt; bei Nachstellung liegt ein sog. verkürzter Relativsatz vor; in beiden Fällen stimmt das Partizip im Genus, Kasus, Numerus mit dem substantivischen Bezugswort überein (Kongruenz).

живу́щая в Москве́ мать мне ча́сто пи́шет, *oder:* мать, живу́щая в Москве́, мне ча́сто пи́шет	(meine) in Moskau lebende Mutter (*od.:* …, die in Moskau lebt,) schreibt mir oft

279. In der Schriftsprache wird die Partizipialkonstruktion häufig einem Relativsatz vorgezogen, wenn im **который-**Satz das Relativpronomen als Subjekt oder direktes Objekt fungiert. Im Tempus/Aspekt und Genus verbi entspricht die jeweils verwendete Form des Partizips in der Regel derjenigen des Prädikats in der Parallelkonstruktion mit кото́рый. Für impf. Präteritum des Verbs kann aber auch das Partizip Präsens stehen (es liegt Gleichzeitigkeit der beiden Vorgänge vor).

дай мне кни́гу, **лежа́щую** на столе́ (= …, кото́рая **лежи́т** …)	gib mir das Buch, das auf dem Tisch liegt
все **смотре́ли** на птиц, **пролета́вших** (*od.* пролета́ющих) над го́родом (= …, кото́рые **пролета́ли** *od.* **пролета́ют** …)	alle schauten nach den Vögeln, die über die Stadt (hinweg)flogen (od. fliegen)
ту́ча, **гони́мая** си́льным ве́тром, бы́стро **приближа́ется** (= …, кото́рую **го́нит** ве́тер, …)	die Wolke, die von einem starken Wind getrieben wird, nähert sich schnell
ту́ча, **гони́мая** …, бы́стро **приближа́лась** (= …, кото́рую **гнал** …, …)	die Wolke, die … getrieben wurde, näherte …

280. Das perfektive Partizip Präteritum, Aktiv oder Passiv, **drückt die Vorzeitigkeit des von ihm bezeichneten Vorgangs aus**:

мать положи́ла ребёнка, **усну́вшего** от переутомле́ния, в крова́тку (= …, кото́рый **усну́л** …, …)	die Mutter legte das vor Übermüdung eingeschlafene Kind ins Bettchen
ма́льчик, **увлечённый** игро́й, не заме́тил нас (= …, кото́рого **увлекла́** игра́, …кото́рый был увлечён игро́й)	der Junge, der vom Spiel hingerissen war, bemerkte uns nicht

Anm.: In der Umgangssprache kommt, wie bereits angedeutet, die Partizipialkonstruktion selten vor; der Relativsatz mit кото́рый (кто, что) wird bevorzugt.

Gebrauch der Adverbialpartizipien

281. Die Adverbialpartizipien sind **unveränderlich** (indeklinabel). In der Schriftsprache bildet man mit ihnen „verkürzt“ Wendungen und Sätze, die syntaktisch Parallelkonstruktionen zum untergeordneten Teil (Nebensatz) von Satzgefügen wie Temporal-, Kausal-, Konditionalsätze usw. darstellen. Sie werden im Deutschen daher meist durch Nebensätze mit „als, wenn, nachdem, während, indem, da, weil“ usw. wiedergegeben. Oft ist eine „Auflösung“ eines solchen russischen hypotaktischen Gefüges in zwei parataktisch (mittels „und“) verbundene deutsche Hauptsätze oder auch eine Wiedergabe durch die entsprechende adverbiale Bestimmung eine gute, stiladäquate Übersetzung.

Der Gebrauch des **Adverbialpartizips** ist in solchen Gerundialkonstruktionen nur **bei identischem Subjekt in beiden Teilsätzen** möglich:

возвраща́ясь из теа́тра домо́й, я уви́дел на у́лице знако́мого	als ich aus dem Theater nach Hause ging, (*od.:* auf dem Heimweg...) sah ich auf der Straße einen Bekannten
возврати́вшись (*od.* **верну́вшись**) домо́й, я **уви́дел** на своём столе телегра́мму	als ich nach Hause zurückgekehrt war, sah ich auf meinem Tisch ein Telegramm

282. Die **Gleichzeitigkeit** wird durch das **Adverbialpartizip Präsens** ausgedrückt, wobei als Prädikat des übergeordneten Teils ein Verb im Präsens, aber auch ein (imperfektives) Verb im Präteritum, ja gelegentlich ein solches im Futur erscheinen kann:

друзья́ **иду́т** домо́й, ве́село **разгова́ривая**	die Freunde **gehen** nach Hause und unterhalten sich dabei fröhlich
друзья́ **шли** домой, ве́село **разгова́ривая**	die Freunde **gingen** nach Hause und unterhielten sich dabei fröhlich
друзья́ **бу́дут идти́** домо́й, ве́село **разгова́ривая**	die Freunde **werden** nach Hause **gehen** und sich dabei fröhlich unterhalten

283. Das **Adverbialprinzip Präsens** mit **vorangehendem «не»** entspricht dem Deutschen **„ohne zu“ + Infinitiv.**

он говори́л не волну́ясь	er redete, ohne sich aufzuregen

Vgl. dieselbe Wendung mit dem Adverbialpartizip Präteritum:

он сде́лал э́то, не спроси́в меня́	er tat das, ohne mich zu fragen (*od.* gefragt zu haben)

284. Das **Adverbialpartizip Präsens** kann gelegentlich auch die **Vorzeitigkeit ausdrücken,** und zwar dann, wenn die im Präteritum (imperfektiv) ausgedrückte Hauptsatzhandlung sich wiederholende, gewohnheitsmäßige Vorgänge bezeichnet:

встава́я на рассве́те, они́ **спуска́лись** в ку́хню	sie **standen** (*regelmäßig*) bei Tagesanbruch **auf** und gingen in die Küche hinunter

285. Das **(perfektive) Adverbialpartizip Präteritum** drückt die **Vorzeitigkeit** der durch dieses bezeichneten Handlung gegenüber der Hauptsatzhandlung aus:

зако́нчив рабо́ту, мы **отдыха́ем**	nachdem wir die Arbeit beendet haben, ruhen wir uns aus

закóнчив рабóту, мы **отдыхáли** (*od. auch pf.* **отдохнýли**)	nachdem wir die Arbeit beendet hatten, ruhten wir uns aus
закóнчив рабóту, мы **бýдем отдыхáть** (*od.* **отдохнём**)	sobald wir die Arbeit beendet haben, werden wir uns ausruhen

286. Das **(perfektive) Adverbialpartizip Präteritum** drückt gelegentlich auch die **Nachzeitigkeit** der durch dieses bezeichneten Handlung gegenüber der Hauptsatzhandlung aus. Allerdings erscheint in solchen Fällen im Hauptsatz ein perfektives Verb im Präteritum:

он **лёг, укрывшись** одеялом	er legte sich hin und deckte sich mit der Decke zu

287. Das **(perfektive) Adverbialpartizip Präteritum** drückt gelegentlich auch die **Gleichzeitigkeit** der durch dieses bezeichneten Handlung aus, wobei in solchen Fällen im Hauptsatz ein perfektives Verb im Präteritum erscheint:

он **поздорóвался** со мной, **кивнýв** головóй	er begrüßte mich, indem er mit dem Kopf nickte (*od.* durch ein Kopfnicken)

288. Nicht selten läßt sich eine russische **Gerundialkonstruktion** im Deutschen gut durch eine **adverbiale Bestimmung** wiedergeben:

скрести́в рýки	mit verschränkten Armen
потýпив гóлову (глазá)	mit gesenktem Kopf (Blick)

289. Wortfolge

Die Wortfolge im russischen Satz ist nicht starr. Sie wird häufig durch Umstellungen (Inversion) der Satzglieder variiert, um den einen oder anderen Satzteil hervorzuheben. Man kann zwei Grundarten der Wortfolge unterscheiden:

1. die erzählende Wortfolge
2. die beschreibende Wortfolge

290. Die sog. **erzählende Wortfolge,** bei der Geschehnisse mit imperfektiven oder perfektiven Verben erzählt werden, lautet: **Subjekt – Prädikat** (– Objekt). Diese Wortfolge ist **verbindlich (obligatorisch),** wenn **aufeinanderfolgende Handlungen mit verschiedenen Subjekten** erzählt werden oder wenn die Sätze **Nominalprädikate** enthalten. Der **Dativ der Person** steht dabei gewöhnlich **vor dem Akkusativ der Sache.**

Шлагбáум мéдленно поднимáлся (*impf.*). Мáрья Васи́льевна сéла (*pf.*) в телéгу. Четвёрка переéхала (*pf.*) ли́нию. Стóрож на переéзде снял (*pf.*) шáпку.	Der Schlagbaum hob sich langsam. Maria Wassiljewna setzte sich in den Pferdewagen. Das Vierergespann fuhr über die Gleise. Der Wärter am Bahnübergang nahm die Mütze ab.
её муж был врачóм	ihr Mann war Arzt
вторóго сентября́ день был тёплый и ти́хий	am 2. September war der Tag warm und still
учени́к пи́шет дрýгу письмó	der Schüler schreibt dem Freund einen Brief

291. Die sog. **beschreibende Wortfolge,** bei der der Leser/Zuhörer mit Personen und deren Umwelt bekanntgemacht wird, lautet: **Prädikat – Subjekt.** Die dabei verwendeten Verben sind gewöhnlich imperfektiv; ein perfektives Verb bezeichnet hier keine Handlung, sondern stellt lediglich einen Tatbestand fest:

бы́ло три часа́ но́чи	es war 3 Uhr nachts
прошёл *pf.* ме́сяц	ein Monat war vergangen
в трёх верста́х от дере́вни стро́ился *impf.* мост	drei Werst vom Dorf entfernt wurde eine Brücke gebaut

In beiden genannten Wortfolgearten treten **adverbiale Bestimmungen des Ortes und der Zeit** gewöhnlich an den **Satzanfang** (*s.o. und* 196.).

Zeitenfolge

292. Im „daß"-Satz
Das **Tempus im Nebensatz** wird durch die **Zeitrelation der Nebensatz- zur Hauptsatzhandlung** bestimmt.

293. Soll das **Nebensatzprädikat** die **Gleichzeitigkeit zum Hauptsatzprädikat** ausdrücken, so steht im **Nebensatz das Verb im Präsens.**
Anm.: Ist das Hauptsatzprädikat durch ein Verb im Präteritum ausgedrückt, so kann zuweilen im Nebensatzprädikat das Präteritum eines imperfektiven Verbs stehen.

я хорошо́ ви́жу, что он следи́т за мной зо́ркими глаза́ми	ich sehe gut, daß er mich mit scharfen Augen beobachtet
я хорошо́ ви́дел, что он следи́т (*od.* следи́л) за мной зо́ркими глаза́ми	ich sah gut, daß er mich mit scharfen Augen beobachtete
я узна́л, что ему́ нужна́ э́та кни́га	ich habe erfahren, daß er dieses Buch benötigte

294. Soll das **Nebensatzprädikat** eine **Zukunftshandlung (Nachzeitigkeit)** gegenüber dem **Hauptsatzprädikat** ausdrücken, so erscheint im **Nebensatzprädikat** das **perfektive Präsens** (mit **Futurbedeutung**):

вчера́ он уверя́л, что к ве́черу возврати́т книгу, а принёс её то́лько сего́дня	gestern versicherte er, daß er das Buch bis gegen Abend zurückgeben würde, brachte es aber erst heute
мно́го раз сиде́л я на де́реве над забо́ром, ожида́я, что вот они́ позову́т меня́ игра́ть с ни́ми	viele Male saß ich auf dem Baum über dem Zaun und wartete darauf, daß sie mich doch mal rufen würden, mit ihnen zu spielen

295. Soll das **Nebensatzprädikat** eine dem Geschehen des Hauptsatzes vorangehende Handlung **(Vorzeitigkeit)** ausdrücken, so erscheint im **Nebensatzprädikat** ein **perfektives Verb** im **Präteritum**:

я узна́л, что он сдал экза́мен на „отли́чно"	ich erfuhr, daß er das Examen mit „ausgezeichnet" bestanden hatte

296. Nach den **Verben des Wünschens, Bittens, Forderns, Befehlens** muß im Russischen die Konjunktion **чтобы** stehen, die stets das **Präteritum** nach sich zieht (*s.* 208.), und zwar ohne Rücksicht auf die Zeitrelation zur Aussage des Hauptsatzes:

я хочу́, что́бы он пришёл	ich will, daß er kommt
он попроси́л меня́, что́бы я ему́ помо́г	er bat mich, daß ich ihm helfen sollte
я попрошу́ его́, что́бы он мне помо́г	ich werde ihn bitten, daß er mir hilft

Silbentrennung

297. Es werden in der Regel **offene Silben** getrennt, d. h. in der Verbindung von einem **Konsonanten + Vokal** usw. kommt stets die zweite usw. **konsonantisch anlautende** Silbe in die nächste Zeile: ре-бя́-та (Kinder).

298. Bei **Konsonantengruppen** zwischen Vokalen gilt entweder die Trennung nach dem genannten Prinzip der offenen Silben, oder aber es wird zwischen den Konsonanten getrennt (bei ст, ск noch relativ selten): се-стра́, сест-ра́, weniger üblich: сес-тра́ (Schwester).

299. **Doppelkonsonanten** werden getrennt: ма́с-са (Masse).

300. **й, ь, ъ** gehören stets zur vorhergehenden Silbe: май-о́р (Major), курь-е́р (Kurier), подъ-е́зд (Auf-, Einfahrt).

301. **Ein** einzelner Buchstabe darf nie abgetrennt werden, also **nicht**: а-ка́ци-я, **sondern nur** ака́-ция (Akazie).

302. **Präfixe** werden als **Silbeneinheit** in der Regel ganz belassen, nicht in sich zertrennt: при-сла́ть ([zu]schicken), пере-да́ть (übergeben, senden).

303. **Zusammengesetzte Wörter** (sog. **Komposita)** werden an der Nahtstelle ihrer Zusammenfügung nach den Bestandteilen getrennt: спец-оде́жда (Berufskleidung).

SACHREGISTER

Die Zahlen beziehen sich auf die Abschnitte der Grammatik.